职业教育国际邮轮乘务管理专业
国家级教学资源库系列配套教材

国际邮轮应聘及面试英语

黄超夷　主编

化学工业出版社

·北京·

内容简介

本书为职业教育国际邮轮乘务管理专业国家级教学资源库系列配套教材之一，以服务于邮轮产业为宗旨，以指导学生就业为导向，以任务驱动为途径，分为上下两篇，包括国际邮轮面试知识与实践、国际邮轮概况及船舶基本知识、国际邮轮岗位专业知识三大模块九个专题。主要内容有面试基础知识、国际邮轮面试技巧及面试题型、国际邮轮公司简介、国际邮轮面试岗位职责介绍、船舶基本知识和安全知识、西餐专业知识、酒水专业知识、客舱专业知识和邮轮其他部门知识。本书贯彻党的二十大报告中发展海洋经济的要求，基于国际邮轮各部门服务岗位职责、岗位技能以及所应达到的英语语言水平要求，力求使学生具备良好的职业道德和敬业精神，掌握邮轮专业知识及英语口语面试技巧。

本书不仅适用于国际邮轮乘务管理专业学生，也可作为有志从事国际邮轮服务与管理工作的社会求职者的参考用书。

图书在版编目（CIP）数据

国际邮轮应聘及面试英语/黄超夷主编 . —北京：化学工业出版社，2023.6
ISBN 978-7-122-43608-5

Ⅰ.①国⋯ Ⅱ.①黄⋯ Ⅲ.①旅游船-旅游服务-英语-口语-职业教育-教材 Ⅳ.①U695.1

中国国家版本馆CIP数据核字（2023）第100488号

责任编辑：王 可　　　　　　　　　　　　　　装帧设计：张 辉
责任校对：刘曦阳

出版发行：化学工业出版社（北京市东城区青年湖南街13号　邮政编码100011）
印　　刷：三河市航远印刷有限公司
装　　订：三河市宇新装订厂
787mm×1092mm　1/16　印张11½　字数295千字　2023年8月北京第1版第1次印刷

购书咨询：010-64518888　　　　　　　　　　售后服务：010-64518899
网　　址：http://www.cip.com.cn
凡购买本书，如有缺损质量问题，本社销售中心负责调换。

定　　价：32.00元　　　　　　　　　　　　　　　　　　　版权所有　违者必究

前言

自 2006 年全面向国际邮轮市场开放以来，中国的邮轮旅游产业发展迅速、成果显著，逐步实现从"无"到"有"的质的飞跃。2020 年我国开始构建双循环新发展格局，2021 年启动实施"十四五"规划，"新格局"叠加"新规划"，迈向新时期的邮轮产业需要新一轮转型升级，更需要加强中国邮轮产业教育，从而提升产业整体韧性。邮轮产业发展具有国际化的天然属性，邮轮产业发展国际化对邮轮产业发展的人才要求及其培养方式提出了挑战。党的二十大报告提出，发展海洋经济，保护海洋生态环境，加快建设海洋强国。随着我国中资邮轮品牌的发展和船队的建设，对邮轮服务人才的需求愈发迫切。

本书作为职业教育国际邮轮乘务管理专业国家级教学资源库以及省级职业教育在线精品课程的配套教材，以服务于邮轮产业为宗旨，以指导学生就业为导向，以"任务驱动"为途径，为邮轮就业提供桥梁。本书基于国际邮轮各部门服务岗位职责、岗位技能以及所应达到的英语语言水平要求，力求使学生掌握邮轮专业知识及英语口语面试技巧，具有综合运用所学知识与技能技巧从事较复杂的邮轮工作的实际应用能力，同时具有良好的职业道德和敬业精神，为有志于从事邮轮服务与管理工作的求职者提供明确的学习目标、学习资源和学习活动，帮助其顺利通过国际邮轮船东的面试。

本书具有以下特点：

第一，本书为新形态教材，教材对应的课程同时在智慧职教 MOOC 学院、智慧职教资源库、国家智慧教育公共服务平台等教学平台呈现，实现了纸质教材＋数字化资源的完美结合，体现了"互联网＋"新形态一体化教材理念。

M1-1 扫描看视频

第二，本书为校企合作开发"双元"教材，由福建船政交通职业学院联合厦门海陆海事服务有限公司共同开发。在产教融合、校企合作的过程中，本书对接新产业、新业态、新模式，反映邮轮服务领域新技术、新工艺、新规范；其内容以双语的形式呈现，教材内容丰富，资料全面。通过校企合作企业，收集大量国际知名邮轮公司英语口语面试的一手案例，并配以丰富的多媒体素材，增强专业教材的实用性。

第三，本书为"理实一体"教材，从理论到实践，揭开邮轮面试的全知识链，旨在加强学生的邮轮专业知识，提高学生的英语口语表达能力及交际能力。同时本书还从国际邮轮面试的真实案例着手，结合面试真题进行实际操作指导。

第四，本书融入课程思政元素。本书坚持正确的政治方向和价值导向，结合国际邮轮乘务管理专业人才培养标准，在培养学生邮轮面试知识和技能的同时，通过"榜样的力量",融入民族自信、精益求精、职业向往和务实创新等思政元素。同时以"扩大对外开放"的基本国策为背景培养国际视野,将和谐高尚的人际观、和而不同的社会观、和睦与共的国际观等意识悄然内化,孕育民族复兴的理想和责任,最终完成教学内容与思政元素有机融合,彰显中国特色,实现职业自信,为其参加工作后尽快融入集体,适应工作岗位做好充分准备。

  本书由福建船政交通职业学院黄超夷担任主编,厦门海陆海事服务有限公司李乐天担任副主编,黄超夷负责组稿和统稿。本书特邀大连海事大学高级船长何庆华教授担任主审,并提出宝贵意见,在此一并表示衷心的感谢!

  限于编者经验和水平,书中难免存在疏漏与不足之处,恳请读者批评指正,以便在修订时完善。

编 者

2023 年 2 月

目录

上篇　国际邮轮面试知识

模块一　国际邮轮面试知识与实践 — 002

专题一　面试基础知识 — 003
　第一节　面试前准备 — 003
　第二节　面试类型 — 012

专题二　国际邮轮面试技巧及面试题型 — 019
　第一节　面试中答题技巧 — 019
　第二节　邮轮面试题型 — 028

下篇　国际邮轮专业知识

模块二　国际邮轮概况及船舶基本知识 — 040

专题一　国际邮轮公司简介 — 041
　第一节　国际知名邮轮品牌 — 041
　第二节　其他邮轮品牌 — 054

专题二　国际邮轮面试岗位职责介绍 — 060
　第一节　邮轮组织架构 — 060
　第二节　岗位介绍和职责 — 062

专题三　船舶基本知识和安全知识 — 065
　第一节　船舶基本知识 — 065
　第二节　船舶安全知识 — 068

模块三　国际邮轮岗位专业知识 — 073

专题一　西餐专业知识 — 074
　第一节　西餐概述 — 074
　第二节　西餐服务 — 078
　第三节　西餐菜单 — 089

专题二　酒水专业知识 — 099

第一节	酒吧概述	099
第二节	非酒精类饮品知识	112
第三节	含酒精类酒水知识	118

专题三 客舱专业知识 133
第一节	客舱概述	133
第二节	客舱清洁服务	140
第三节	夜床服务	146
第四节	解决客人投诉	151

专题四 邮轮其他部门知识 154
第一节	前台部知识	154
第二节	娱乐部知识	158
第三节	应急处理知识	161

附录1 邮轮常用词汇 —— 166

附录2 十款流行的鸡尾酒配方及制法 —— 169

附录3 网络面试注意事项 —— 173

附录4 国际邮轮面试真题实训 —— 175

参考文献 —— 176

上篇
国际邮轮面试知识

模块一

国际邮轮面试知识与实践

专题一　面试基础知识

学习目标

知识目标

（1）了解面试前应该如何整理个人信息和撰写简历；
（2）了解面试需要注意哪些问题；
（3）了解现场面试和网络面试的流程和注意事项。

技能目标

（1）掌握面试资料收集技能；
（2）掌握现场面试和网络面试的不同点和应对技巧；
（3）掌握面试方式的不同对应聘者的影响。

素质目标

（1）培养不卑不亢、落落大方的面试态度；
（2）培养爱岗敬业精神和创新精神。

专题导入

邮轮面试和其他面试一样，都需要提前做好面试准备，掌握面试技巧，才能展示出优秀的自己。除了提交完美的简历，做好充分的面试准备，面试者还应该对不同面试类型有所了解。请从本专题中总结出如何做到"知己知彼"？如何写出完美的简历？请熟记本专题涉及的一对一、一对多面试、线上面试的面试流程，掌握面试技巧。

第一节　面试前准备

一、面试准备

1. 了解自己

面试（图1-1），作为一种有明确范围和特定目标的谈话，需要谈话双方均保持高度敏锐的思维，以避免在谈话中处于被动、难以应对的状态。求职者参加面试的目的就是为了获得自己理想的工作，在整个面试过程中始终处于面试官的审视之下，因此，应聘者敏捷的思维、反应与得体的举止，就显得尤为重要。要做到这一点，应聘者需要在面试前下一番功夫。

图1-1 邮轮面试

面试前首先要做到"知己知彼",怎么样才能做到"知己"和"知彼"呢?首先要学会"知己"。

所谓的"知己"就是要了解自己,即对自己的所有应聘资料,包括学历、简历、各种证书、推荐人、证明人的姓名、地址等都能倒背如流,还要拥有自己的语言特色。

首先,了解自己的各项资料。在熟悉上述资料时,应聘者可以就这样的问题自问自答:"我的资历、背景资料中,哪些最能显示出我具有的发展潜能?""我的资历、经验中,哪些与所应聘的工作有最直接的关系?"通过这些提问,应聘者可以将自己的资料整理出主次详略。这样,在面试应答时,就能回答得简明扼要、一语中的,避免出现语无伦次、答非所问的状况。

其次,了解自己的语言风格。面试官每天都会面试很多应聘者,如果他们接收到的回答都是千篇一律、大同小异的,那么可能会影响你的面试效果。所以最好要有自己的语言风格。可以在再见的选用上做一番小动作。在英语为非母语的人群中,再见通常使用"goodbye",但是转变成"I hope to see you again""see you again"可能就会给面试官一个暗示或者铺垫,对面试成功更有利。

再次,研究面试官的背景,学习一些面试官的母语。比如某邮轮公司面试中,面试官是德国人,面试时一句"Guten Tag!"可能会为你整个面试锦上添花。

最后,基本尊重俗套,有些地方要打破俗套。

2. 资料收集

面试者在面试前做到了"知己"之后,怎样才能做到"知彼"呢? 可以从以下两个方面来着手准备资料。

(1)平面资料准备

平面资料准备是面试前应聘者的主要功课之一,这里主要是指对邮轮公司和面试官有所了解。因为在面试中,面试官会提到这样的问题:

● 你为什么想要加入我们?(Why do you want to join us?)

● 为什么你对我们公司感兴趣?(Why are you interested in our company?)

● 请告诉我你对我们公司有何了解。(Please tell me what you know about our company.)

以上这些问题，都在测试应聘者对应聘公司的了解程度。面试官想借此考察应聘者是否喜欢所应聘公司，是否对所应聘的工作有浓厚的兴趣和巨大的热情。

因此，在面试前需要通过多种渠道尽可能地多了解该公司的情况。包括公司旗下各邮轮的名称、主要产品或经营范围、过去的业绩和未来的发展方向、经营理念、企业精神、形象识别、总部或总公司所在地、经营者姓名、社会贡献、广告等。

掌握了这些信息后，对于前面提到的那些问题，应聘者就能说出所以然来，不至于因答非所问或含糊其词而给面试官留下不好的印象。

谈到对面试官的了解，最好是设法打听到他的姓名，并能正确地说出来，在面试时才不至于闹出张冠李戴的笑话，同时也显示出对面试官的尊重。可能的话，最好能清楚了解面试官的性格、兴趣、待人方式、语言特点、口音、面试特点等，以便在面试时能恰当地"投其所好"。

（2）立体技能准备

在面试中，有时面试官为了测试应聘者的知识或能力，极有可能安排一些现场测试，如西餐摆台、前台接待流程、客房铺床、酒水知识等。

因此，在面试前，应聘者有必要根据所应聘工作的性质、特点以及之前的工作内容和经验，复习或练习相关的知识、技能，以避免临场时手忙脚乱，或表现欠佳。

只有在面试前做了充足的准备，才能在面试时展示出优秀的自己。

3. 模拟演习

面试前在做到了"知己知彼"之后，多开展几次仿真的模拟演习，可以更加熟悉所有资料，对面试中会出现的常规问题了然于胸，从而能简洁、明确的回答。

在参加实际面试前，可根据自己已经掌握的面试资料进行自我提问，来一番实战演习，这对于确保面试成功是十分重要的。

就提问而言，可以从自我介绍（年龄和姓名）、学历、资历、专长、应聘原因、对应聘公司的了解以及希望的待遇等问题着手回答。

就面试应答的演练方式而言，可以先用录音机把自己对上述问题的回答录下来，然后进行修改。修改的标准应当是回答简洁、准确，让人一听就能明白，然后再练习、再修改，反复数次，直到满意为止。对已经确定好了的答案，要口头反复练习，做到能倒背如流，然后再请自己的亲朋好友当听众，或扮演面试官提问，以便使自己在回答时能够掌握说话节奏的快慢、声调的高低变化，以及恰当的表情配合。如此，到真正参加面试时，就能有最佳的表现了。

二、面试注意事项

1. 神态

传播过程中，传播者的神情态度是一种无声的语言，它会传达出传播者真正的思想感情。面试，作为应聘者和面试官之间的"传播"，老练的面试官会从应聘者的神态了解到应聘者的内心思想及情感变化。因此，我们必须注意自己在面试中的神态，尽可能给面试官留下一个好的印象。

就视线而言，我们的视线接触面试官脸部的时间应占全部面试时间的30%~60%。在倾听面试官讲话时，眼睛要看着对方，眼神不能闪烁不定或不断眨眼睛。自己讲话时，眼睛要不时看着面试官，绝不能到处飘移。嘴唇宜自然紧闭，切莫在对方讲话时不自觉地张开，否则面试官会认为你对他的谈话内容感到厌烦。脸上的笑容应自然，即根据交谈的内容而自然流露，笑的程度以微笑为宜。没有必要在整个面试过程中都始终保持脸上的笑容，那样会给人虚假、做作的印象，也没有必要开怀大笑，即使交谈的内容可能引出这样的大笑，也应把它控制在微笑的范围内，以避免失态。

2. 举止

"面试时，个人的资历和能力都不再是最重要的因素，重要的是外表、人格、举止和谈吐。"这样的看法虽不能说完全正确，但确实很有道理。因为个人的资历、能力这些资料，招聘的公司已经从应聘者的简历中有了比较充分的了解，之所以要求某位应聘者来参加面试，其原因就是认为该应聘者的资历、能力能够胜任此项职位的工作。

面试的目的主要有以下两点：①为了释疑，通过面对面问应聘者一些问题，了解应聘者简历中存在的一些疑问；②为了直接、全方位地了解应聘者，进一步确证先前的印象。

因此，从应聘者的角度来说，面试不外乎是一场全方位展示自己才华的表演。既然是表演，那么举止、谈吐、神态等能显现应聘者修养气质的外在表现就格外重要了。

举止是指在面试过程中应聘者的身体姿势、与面试官的界域等。根据现代传播理论，在传播过程中，人的身体姿势、界域都能传递信息，因而被称为无声的语言符号。

就姿势而言，应聘者在整个面试过程中都必须保持姿势良好、完美。站立时，腰要挺直，双肩自然放松，双手自然下垂，全身重心自然落在左脚或右脚上。

坐下时，脊背也应挺直，既不能"瘫"在椅子上，也不能弯腰弓背。头要抬起，平视面试官。双手自然放在双腿上，绝不能将双手交叉抱在胸前，或用手肘撑着座椅扶手，身体往一边倾，以及跷"二郎腿"，或不断晃动小腿，否则面试官会认为你在轻视这次面试。在整个面试过程中，还要避免频繁的身体晃动（如果面试时间太长，偶尔挪动一下身体、变换一下重心是可以的），因为这会使面试官认为你紧张、心虚及缺少自信。腰杆挺直，头部和背部呈直线状，表示此人情绪高昂、充满自信，有比较强的自制力，这自然会给面试官留下极好的印象。

距离是指传播双方的空间长度。在面试中，我们应特别留心与对方的距离，距离应该保持在一般社交的范围内，绝不能太近或太远。

此外，还要注意，被通知进门时，若门关着，一定要先敲门，得到允许后才进去。进去后，在做了一般性问候后，要转身把门轻轻关上。见到面试官，如果他有握手的意向，就必须与他握手；如果对方没有握手的意向，则不能先表示出要握手的意向，因为此时从关系上来讲，面试官属主，应聘者为从，绝不能打破这种主从关系，免得冒犯了面试官的自尊心。握手时，必须有一定的力度，借以传递出力量、自信、真诚与友善的信息，不能只是象征性地或畏缩地碰一下了事，那只会给面试官留下冷漠或胆怯的印象。

握手后，须等面试官示意后才能坐下。女同学还应用手优雅地拨一下自己的裙子（如果穿的是裙子），以避免有不雅观的情况存在。

3. 谈吐

面试主要是通过面试官的提问和应聘者的回答来进行的，因而面试的主要形式就是谈话，甚至主要是应聘者一方说话，而面试官则借此对应聘者做全方位的了解。因此，面试中应聘者的谈吐极为重要，对此，面试者必须心中有数。

面试中，谈吐应遵守的基本原则是自信、口齿清楚、音量适当（以交谈双方能听清楚为宜）、节奏平稳（不可太慢或太快）、用语准确得体、简洁、条理清楚、避免重复。对拿不准的问题，要坦率承认，不能自以为是，信口开河。

在做自我介绍时，要简洁、层次清楚、重点突出、有自信，避免长篇大论、言过其实，其时间宜为 3~5 分钟。回答问题、发表意见必须注意分寸，留有余地。先生（Sir）、女士（Madam）之类的称呼不宜用得太多，否则会令对方生厌。在没有听清楚或没能理解面试官的提问时，应请求面试官再说一遍或再解释一下，绝不能保持沉默，既不回答也不提问。

最后应聘者提出的问题必须与应聘工作有直接关系，如福利、待遇、培训、就职日期等，而且必须注意提问的时机（需在面试官有明确示意后）。

4. 着装

服饰打扮不仅能把一个人装点得漂亮、潇洒，而且，按照现代传播理论，服饰还是一种符号，能够传递出着装者个人的许多信息。因此，在面试中，应聘者的服饰打扮就成了了解其个人特色的一个"窗口"，其所产生的效果，有时甚至可能超过语言的表述。

整体而言，应聘者的服饰打扮应该能真实地表现出自己的气质、修养与个人独特的品位，并与气候、环境、所应聘的工作大体相称。

具体而言，在服装款式上，男士穿西装，女士穿裙装，会显得比较正式、庄重。但若考虑到应聘职业的特点，款式也可以有所变化。比如应聘摄影师，服装就可以表现艺术气质；奢侈品销售员，穿一套简洁、精干、充满活力的 T 恤衫、牛仔装也未尝不可。

在服装的颜色选择上，同样需要考虑职业因素，即应聘工作的性质。因此，若是属于管理性质的工作，自然是咖啡色、灰色等令人感觉稳重、干练的色彩比较恰当；但若是属于销售性质的工作，服装颜色稍鲜艳一些也无妨。此外，服装颜色的选择还需考虑个人的肤色，必须有助于衬托出个人健康和朝气蓬勃的活力。

在面部修饰上，无论男士还是女士，首先必须保持头发整齐、干净，牙齿、鼻孔清洁，绝不能以蓬头垢面的模样站在面试官面前。脚上的鞋必须干净，不能有泥、灰，鞋带要系好。男士应穿短袜，女士着裙装时以穿连裤丝袜为宜。鞋、袜的颜色应和服装相配，不能有颜色错位、喧宾夺主的现象。随身应携带一些面巾纸，以备必要时使用。

在面试前，按照以上要求，准备好面试服饰，可以为你的面试锦上添花，若是穿错了，可能会成为你面试失败的最后一根稻草。

三、简历

1. 简历的组成

简历，顾名思义，就是对个人学历、经历、特长、爱好及其他有关情况所做的简明扼要的书面介绍。简历是有针对性地自我介绍的一种规范化、逻辑化的书面表达。对应聘者来说，简历是求职的"敲门砖"。

一份简历，一般可以分为下列四个部分：

（1）个人基本情况

应列出自己的姓名、性别、年龄、籍贯、政治面貌、学校、系别及专业、婚姻状况、健康状况、身高、爱好与兴趣、家庭住址、电话号码等。

（2）学历情况

应写明曾在某某学校、某某专业或学科学习，以及起止时间，并列出所学主要课程及学习成绩，在学校和班级所担任的职务，在校期间所获得的各种奖励和荣誉。

（3）工作资历情况

若有工作经验，最好详细列明，首先列出最近的资料，后详述曾工作单位、日期、职位、工作性质。

（4）求职意向

即求职目标或个人期望的工作职位，表明你通过求职希望得到什么样的工种、职位，以及你的奋斗目标，可以和个人特长等合写在一起。

为体现不同人群的特点，四部分的排序及组合可根据实际情况做出调整。

2. 简历的特点

既然简历是面试的敲门砖，那么如何制作一份完美的简历呢？

（1）要有很强的针对性

国际邮轮不同岗位的职业技能与素质需求各不一样，因此，建议在准备个人简历时最好能先确定求职方向，然后根据职位特点及职位要求量身定制，从而制作出一份针对性较强的简历。

（2）要言简意赅

一个岗位可能会收到数十封甚至上百封简历，导致人力资源（HR）查看单个简历的时间相当有限。因此，建议求职者的简历要简单而有力度，大多数岗位简历的篇幅最好不超过两页，尽量写成一页。

在简历中尽量使用短语而避免使用长句子，尤其在描述学习经历、工作经历、个人兴趣爱好等时，如果像写作文一样长篇大论，必然不会给人力资源（HR）留下一个好印象。

（3）突出重点，强化优势

一是目标要突出，应聘何岗位，如果简历中没有明确的目标岗位，则有可能直接被淘汰；二是突出与目标岗位相关的个人优势，包括职业技能与素质及经历，尽可能量化工作成果，用数字和案例说话。

（4）选择合适的模板

如果邮轮公司提供了简历模板，则一定要按照公司的模板制作简历。如果邮轮公司没有提供简历模板，应聘者可自行制定模板样式。正常情况下，一份简历只要包含个人基本情况、学历情况、工作资历情况、求职意向四大部分即可，其他内容可视具体情况添加。皇家加勒比邮轮简历模板如图1-2所示。

简 历

基本信息			
中文名		英文名	
出生日期		出生地	
身高（厘米）		体重（公斤）	
性别		应聘岗位	
电子邮箱		电话号码	
地址			
工作经验			
教育背景			
技能			
兴趣与求职意向			

图1-2　邮轮简历模板

（5）逻辑清晰，层次分明

要注意语言表达技巧，描述要严密，上下内容的衔接要合理，教育背景和工作经历这些有时间段的事项可采用间叙的表达方式，重点部分可放在简历最前面。

（6）简历的内容一定要客观真实

诚信是做人之根本，事业之根基。一个不讲诚信的人，很难在社会上立足。同理，如果应聘者在简历内容（图1-2）中弄虚作假，将会失去更多的机会。即使能侥幸获得面试机会，有经验的人力资源（HR）在面试过程中一般都可以看穿。只要被发现有一处作假，HR就会觉得处处有假，从而将应聘者拒之门外。一个连诚实都做不到的人，无法得到信任。因此，建议求职者在写简历时一定要做到客观、真实，可根据自身的情况结合求职意向进行纵深挖掘，合理优化，但不能夸大其词，弄虚作假。

3. 简历词汇

英语个人简历表是每个国外邮轮船东面试前都要求应试者必须填写的。那么，如何来写一份优秀的英文简历呢？

英语面试简历表有两种方式。

一种方式是自由式的，就是应试者发挥个人潜能来填写，目前在我国偶尔有国外邮轮船东这样做，但是不常见，主要原因是虽然让应试者发挥了个人潜能，但是由于很多应试者不懂如何填写面试表而导致填写得非常混乱。面试官需要费非常大的力气才能弄清楚填写的内容，因此很多邮轮船东放弃了自由填写的面试简历。另一种方式是表格式的。

通常我们在英文简历撰写时会用到以下常用词汇。

（1）个人情况
- 个人简历（英式用法是 C.V.：Curriculum Vitae，美式用法是 Resume）
- 地址（Address）
- 年龄（Age）
- 联络详细地址（Contact Details）
- 出生日期（Date of Birth）
- 学位课程（Diploma Course）
- 教育背景（Education Background）
- 性别（Gender）
- 姓（Family Name）
- 首字母缩写组合（Initials）
- 通信地址（Mailing Address）
- 护照（Passport）
- 出生地（Place of Birth）
- 申请的职位（Applied Position）
- 申请（Apply for）
- 资质（Qualification）
- 汉字（Chinese Character）
- 职业证书课程（Vocational Certificate Course）

（2）面试官提问或者评估总结
- 体重指数 [Body Mass Index（BMI）]
- 外貌（Appearance）
- 评估标准（Assessment Criteria）
- 态度（Attitude）
- 候选者、应试者（Candidate）
- 自信度（Confidence）
- 英语语言技能（English Language Proficiency）
- 英语词汇量（English Vocabulary）
- 面对面（Face-to-face）
- 流利程度与连贯性（Fluency & Coherence）
- 语法掌握程度和准确度（Grammatical Range and Accuracy）
- 个人仪容（Grooming）
- 船员代理（Manning Agent）
- 心算（Mental Calculation）
- 不被推荐的（Not Recommended）

- 个人性格表述（Personality Profile）
- 发音和说话语调控制（Pronunciation/Phonological Control）
- 推荐职位（Proposed Position）
- 推荐的（Recommended）
- 自我激励（Self Motivation）
- 技术技能（Technical Skills）

只有了解了这些常用词汇，才能让你在面试中不会弄出笑话，从而无往不利。

4. 简历的制作技巧

邮轮公司接收的简历通常都是表格式的，那么如何才能让你的简历在众多千篇一律的简历中脱颖而出呢？

（1）填写模板的借鉴

为了防止被面试者随意填写，有时候招聘代理会保存上一次面试表格作为简历模板，但是模板上通常保留了面试官在面试中填写的某些标记，比如能力、态度等方面，所以使用模板时一定要看清楚哪些内容是需要自己填写的，哪些属于面试官填写。

（2）选中符号

填写符号，大多数情况下用"√"表示选择该项目，但是欧洲很多国家用"×"表示，这里的"×"不是不选，所以务必看清填写说明。

（3）不适用项目的填写

比如应聘客房服务员的，可能对数学的要求不是很高，而表格设计需要考虑得非常全面，因此数学题的口头计算这一项就不适用于申请客房服务员职位的应聘者，那么某客房服务员申请人可以在此项中填写"N/A"（即 Not Applicable 的缩写），表示此项不适合自己。

（4）姓名的填写

通常我们的名字是两个字或者三个字，如果要求手工填写，则建议大家都要采用英文大写的方法，这样面试官可以很容易辨别。但是如果没有要求，而且允许用电脑填写，可以采用姓全部大写、名首字母大写的方法。

在邮轮简历的模板中，有很多公司有明确的填表规定，有填姓的，有填名的。英语中存在的"中间名（Middle Name）"中国人通常没有，这项不填，中文名除了姓之外都属于"名字（Given Name）"。

（5）出生日期的填写

日期的填写通常是日、月、年（欧洲的填写习惯）或者是月、日、年（美国的填写习惯）。如果没有规定格式，则填写日期应该用序数词，填写月份用英语的前三个字母缩写。举个例子，1998年12月1日出生的人，就可以填写为 DEC 1ST, 1998。

（6）体重指数 [Body Mass Index（BMI）] 的计算与填写

体重指数是评估身材是否匀称的指数，即用体重（千克）除以身高（米）的平方可得 BMI 值，比如：某男性身高180厘米、体重50千克，体重指数是15.4，属于偏瘦型的。

（7）工作经验描述

在西方思维中，最准确的方式是采用倒序法，原因是面试官通常关心你最近干什么，而离目前比较远的不考虑。因此填表时应注意，除非模板规定，否则一律采用倒序法。

需要留意的是，面试官非常关心离职原因，他们最不希望离职的原因是被雇主辞退。因此，通常会问因为什么离职，所以尽量将每次离职的原因表述清楚。

（8）应急情况下的联系人

此项一般是未婚者填写父母，已婚者填写配偶，联系方式通常为住宅电话（Home Number）、手机号（Cell Phone Number）、电子邮箱地址（E-mail Address），填表中这类通常用缩写表示。

由于国际化的原因，填写号码时通常需要在手机号码前填写国家号，座机号码前填写国家号和区号，比如家庭的电话是0591-××××××××，+86是中国国家代码，那么填写时应该写 +86-0591-××××××××。

（9）教育经历

教育经历一般包括幼儿园（Kindergarten）、学前教育（Preschool Education）、小学（Primary School）、中学（Middle School）、职业学校（Vocational School/Training School）、大专（College）（获得专科证书 Associate's Degree）、大学（University）（获得本科学位 Bachelor's Degree）、研究生（Postgraduate）（获得硕士学位 Master's Degree、博士学位 Doctor's Degree），获得文凭的门类分工科（Technology）、理科（Science）、文科（Arts）等。

（10）自我性格的描述方法

多用褒义的形容词来表述自己的性格特点，以便面试官将它转换成你对工作的态度，下面这些词可以很好地帮助你表达自己，比如：有责任心的（Responsible）、自信的（Confident）、合作的（Cooperative）、容易相处的（Easygoing）、热心肠的（Warmhearted）、体贴的（Considerate）、友善的（Amicable）。

（11）没有项目的填写方法

面试表格中可能会出现被面试者没有的证书或事项，不要填"Not Have"，正确表示应该是拉丁语的"Nil"，这也是"无"的意思。

（12）需要备注的填写方法

有些表格有需要备注或者说明的信息，备注在英语中可以用"Notes"或者"N.B."表示，"N.B."来自于拉丁语"Nota bene"，表示"注意，留心"。

第二节　面试类型

一、现场面试

1. 一对一现场面试

邮轮面试的类型通常分为一对一现场面试、一对多现场面试、多对一现场面试以及近些年流行起来的电话、网络线上面试。通常一对一、一对多的现场面试和线上面试比较常见。

一对一现场面试顾名思义就是指一个面试官面试一个应聘者。下面是李磊面试酒吧服务员岗位的现场面试的例子。

（1）开场

简单地打招呼，表明自己应聘的职位，在面试官的要求下用英语进行自我介绍。

● Li Lei: May I come in?

● Interviewer: Come in, please.

● Li Lei: Good morning, madam. I am Li Lei. I've come to apply for the position as a bar waiter at your firm.

● Interviewer: Oh, I see. Please take a seat. I'm Interviewer Lucy. Let's begin. Please tell me something about yourself.

● Li Lei: What do you want to know?

● Interviewer: The usual, your background, experience and any personal things that you feel is pertinent.

● Li Lei: Well, I was born in Fuzhou Fujian Province and studied there. My father is a doctor, and my mother is a teacher.

● Interviewer: Do you have any brothers or sisters?

● Li Lei: Yes, I do. I have a brother, and he is a lawyer.

（2）提问题

面试官询问工作经验，用英语提问曾经的工作经历和面试岗位的相关工作内容。

● Interviewer: Do you have any working experience?

● Li Lei: Yes, I do. Last summer holiday, I worked as a waiter in Intercontinental Hotel for nearly two months. And this working experience made me more responsible and trained me into a flexible person.

● Interviewer: Can you give me five types of drinks?

● Li Lei: OK, no problem. They are water, juice, soda, coffee and tea.

● Interviewer: Very good. Can you tell me several types of wines?

● Li Lei: OK, no problem. There are three types of wine. They are red wine, white wine and sparkling wine.

● Interviewer: Can you give me some examples of red wine?

● Li Lei: Um... they are Pinot Noir, Merlot, Chianti and Syrah.

（3）进一步提问

提问关于更换地点或者工作岗位的原因，以及对于新工作的看法。

● Interviewer: Why do you decide to choose my company?

● Li Lei: Well, your company is well managed. My schoolmate recommended your company to me.

● Interviewer: What starting salary would you expect here?

● Li Lei: I'd like to start at two thousand dollars a month.

（4）询问面试者意见

面试官会让你对她进行提问，包括但不仅仅局限于假期、薪酬等。

- Interviewer: No problem. Do you have any questions?
- Li Lei: How about vacations?
- Interviewer: Our staff have 3 weeks' holiday a year plus public holidays. Do you have any other questions?
- Li Lei: No. I think that's all.
- Interviewer: Well, we'll probably get back to you in a week.

（5）面试结束

面试结束时要记得礼貌道别。

- Li Lei: Thanks very much, madam. Goodbye.
- Interviewer: Goodbye.

2. 一对多现场面试

"一对多"指一个面试官在同一时间同一地点面试多个应聘者。下面我们就通过一个例子来了解一对多现场面试的主要内容。

前来面试的李磊、刘梅和张晓玲在听到了面试官"请进"的声音后，走进了面试房间。（Three candidates Li Lei, Liu Mei and Zhang Xiaoling knock at the door first and go into the room when they hear "Come in, please" from the interviewer.）

首先打招呼以及简单自我介绍，让面试官可以记住和区分。

- Candidates: Good morning, sir.
- Interviewer: Good morning. Have a seat, please. Now tell me both your Chinese and English names, please.
- Li Lei（Kevin）: My Chinese name is Li Lei. Kevin is my English name.
- Liu Mei（Mary）: My Chinese name is Liu Mei. My English name is Mary, M-A-R-Y.
- Zhang Xiaoling（Jenny）: My Chinese name is Zhang Xiaoling, you can also call me Jenny.

了解完每一位求职者的姓名，面试官就开始依次向每一位提问，所以一定要集中注意力，听清提问的对象和问题。

- Interviewer: Thank you. Hi, Kevin, what position do you apply for?
- Li Lei（Kevin）: I apply for the position of assistant waiter.
- Interviewer: Why do you want to work in our company?
- Li Lei（Kevin）: Because your company is a very famous cruise company and I think working in your company can give me the best chance to use what I have learnt.
- Interviewer: Do you have any working experience?
- Li Lei（Kevin）: Yes, I have. I used to work in an English restaurant. My duty was to guide the guests to the tables, to pass the menus to the guests, to write down the orders from the guests, to serve the dishes, and finally to help the guests with their bills and then say goodbye to the guests. It was an easy task, but I liked it very much. I wouldn't stop the work until I continued my further study.
- Interviewer: Hi, Jenny. How do you understand "sense of service"?
- Zhang Xiaoling（Jenny）: I am sorry. I don't understand what you are talking

about, could you repeat your question, please?

- Interviewer: Sense of service. How do you understand it with your working experience and knowledge?
- Zhang Xiaoling (Jenny): I think wearing a sweet smile is very important. It can make customers feel warm and welcomed.
- Interviewer: OK.Hi, Mary, what position do you apply for?
- Liu Mei (Mary): I want to work as an assistant waiter.
- Interviewer: Yes, assistant waiter, but do you know which department an assistant waiter belongs to?
- Liu Mei (Mary): I think it belongs to Food and Beverage Department.
- Interviewer: Yeah, F&B is short for Food and Beverage Department. Mary, why do you want to work on a cruise ship?
- Liu Mei (Mary): Because I think working on a cruise ship is not only a challenge but also a good opportunity for me. It's a great honor to work on a cruise ship. I want to improve myself in your company.
- Interviewer: Jenny, would you like to tell me your purpose of working in MSC?
- Zhang Xiaoling (Jenny): Yes. Last year, I worked in a five-star hotel as a waiter for about two months during my summer holiday. As a result I really learnt a lot about how to be a qualified waiter in the restaurant.
- Interviewer: But what is my question for you?Did you get it?
- Zhang Xiaoling (Jenny): About working experience?
- Interviewer: Kevin, could you repeat my question?
- Li Lei (Kevin): About working in MSC.
- Interviewer: What's your purpose of working in MSC?
- Li Lei (Kevin): It can improve my skills and practice myself.
- Interviewer: In what way?
- Li Lei (Kevin): Just practice myself in the work process.
- Interviewer: OK.Mary, the same question goes to you.
- Liu Mei (Mary): I think when I was young, I should try my best to develop for my future. For example, I want to work on a cruise ship to improve myself. That's all.
- Interviewer: Kevin, I know that your major is International cruise service and management.
- Li Lei (Kevin): Yes. I majored in International cruise service and management.
- Interviewer: But these two candidates are both of the same major, how can you persuade me to hire you and not them?
- Li Lei (Kevin): Thank you for the question. I think language is my advantage when working on a cruise ship. I have related work experience and understanding of service process. In my previous job I have learned to set up tables and serve the dishes. I have been praised by my boss when he says, "Good job, You are a fast learner."
- Interviewer: Good. how about you,Mary? What are your advantages over the other

candidates?

• Liu Mei（Mary）: I think one of my most outstanding advantages is that I work very hard.

• Interviewer: And you, Jenny?

• Zhang Xiaoling（Jenny）: I am not an intelligent person, but I must be a diligent one. I am convinced that there is no gain without hard work. Everyone can succeed by working hard. Besides. I'd like to make friends with other people. I think friends are an essential part of people's life.

• Interviewer: OK, Kevin, in your working experience, have you ever met an arrogant guest who is difficult to deal with?

• Li Lei（Kevin）: Yes. One day, a guest called me and shouted at me, "What's wrong with the fish? It's not fresh." I felt embarrassed because I didn't make the dish. I knew nothing.

• Interviewer: What's your response when you heard her shouting?

• Li Lei（Kevin）: I deeply apologized and changed another dish for her.

• Interviewer: Was the customer satisfied then?

• Li Lei（Kevin）: Yes. She was satisfied with my work.

• Interviewer: What would you do when your boss is one hundred percent wrong and you know that?

• Li Lei（Kevin）: Sorry, I beg your pardon?

• Interviewer: Your boss makes a mistake and you know that. What would you do?

• Li Lei（Kevin）: I won't tell him directly. I will use my actions to prove him wrong.

• Interviewer: Mary, what about you?

• Liu Mei（Mary）: I will also use my action to tell him.

• Interviewer: OK, that's all. Thank you!

• Candidates: Thank you!

• Interviewer: Goodbye to you.

• Candidates: Goodbye.

通过以上对话，不难看出，一对多面试时，一定要仔细听清楚面试官的题目，尽量在最短的时间内表达清楚你要传递的内容。如果没有听清题目，不要害怕，麻烦面试官重复一次，这无伤大雅。

二、网络面试

在邮轮公司业务繁忙、面试人数较多或者其他不可抗力因素产生时，邮轮公司通常会选择电话或者网络的线上面试。以下是线上面试的例子，展示了线上面试的完整过程。

李磊想要面试送餐服务员的岗位。（Li Lei is applying for the position of room service attendant of a cruise ship.）

（1）开场

简单打招呼，表明自己应聘的职位，在面试官的要求下进行自我介绍。

- Interviewer: Good morning. May I have your name?
- Li Lei（Kevin）: My Chinese name is Li Lei. Kevin is my English name. You can call me Kevin.
- Interviewer: There is something wrong with my Skype. Let's close it, and then connect again.
- Li Lei（Kevin）: OK, let's reset the Skype.
- Interviewer: It is OK now. Where are you from?
- Li Lei（Kevin）: I am from Beijing.
- Interviewer: Could you tell me the most famous local food in your hometown?
- Li Lei（Kevin）: Yes. Beijing Roast Duck is very famous. I recommend you to try it.
- Interviewer: How many persons in your family?
- Li Lei（Kevin）: There are 3 persons in my family. They are my father, my mother and I.
- Interviewer: Who will take care of your parents when you work on a cruise ship?
- Li Lei（Kevin）: My father and mother are only 50 years old. They are not old, so I think they can take good care of themselves.
- Interviewer: Why do you want to work on a cruise ship?
- Li Lei（Kevin）: Because I want to look for more challenge.
- Interviewer: Have you told your parents that you want to work on a cruise ship? Do they agree with you?
- Li Lei（Kevin）: Yes, I have told them. They agree with me.

（2）提问题

面试官询问工作经验，提问曾经工作的内容和想要面试岗位的相关工作内容。

- Interviewer: Are you seasick?
- Li Lei（Kevin）: Sorry, could you please allow me to adjust my earphones? There are some noises in it. I cannot hear you clearly.
- Interviewer: OK, no problem.

（A few minutes later, the earphones work.）

- Li Lei（Kevin）: Hello, Sir, my earphones are working now. I can hear you. So what is your question?
- Interviewer: Are you seasick?
- Li Lei（Kevin）: No, I'm not.
- Interviewer: What position are you applying for?
- Li Lei（Kevin）: I am applying for room service attendant.
- Interviewer: How do you understand room service attendant?
- Li Lei（Kevin）: I think room service attendant is to deliver the food to the guest stateroom.
- Interviewer: OK. Before you deliver the food to the guest stateroom, what will you do?

• Li Lei（Kevin）: I will double check the guest order.

• Interviewer: Excellent. When you arrive at the guest stateroom, what is the first thing you need to do?

• Li Lei（Kevin）: I will knock at the door first, which would not be too loud or too quiet.

• Interviewer: OK. When the guest opens the door, what is the first sentence you need to say to the guest?

• Li Lei（Kevin）: I will greet to the guest, say "Hello", or "Good morning/afternoon" to the guest.

• Interviewer: Good job, Kevin. Can you tell me if the guest wants to order another dish, what will you do?

• Li Lei（Kevin）: I will contact the kitchen.

• Interviewer: Amazing! If you see the dirty trays on the corridor, what will you do?

• Li Lei（Kevin）: I will collect the dirty trays. Before I collect them, I will check whether there are the personal belongings of the guests on the tray.

• Interviewer: Excellent job. OK, thank you.

（3）进一步提问

提问关于更换地点或者工作岗位的原因，以及对于新工作的看法。

• Interviewer: Why do you decide to choose my company?

• Li Lei: Well, your company is well managed. My schoolmate recommended your company to me.

• Interviewer: What starting salary would you expect here?

• Li Lei: I'd like to start at one thousand dollars a month.

（4）礼貌道别

面试结束，记得礼貌道别。

• Interviewer: OK, Thank you. That's all.

• Li Lei（Kevin）: Thanks for your time. See you.

相比于面对面面试带来的紧张感和压迫感，线上面试可以让你的面试环境更为舒适，但是也不能太过放松，当成一场线上的聊天交流来对待。此外，线上面试也可能因为设备或者网络等影响产生其他的突发小问题，一定要学会随机应变，灵活处理。

专题二 国际邮轮面试技巧及面试题型

▶ 知识目标

（1）了解邮轮面试中回答问题的方式；
（2）了解面试中可能出现的失误；
（3）了解邮轮面试常见问题的类型。

▶ 技能目标

（1）分析能让自己在面试中脱颖而出的方法；
（2）分析面试失误原因。

▶ 素质目标

（1）培养学生从容自信应对邮轮面试的心态和素养；
（2）培养学生的专业意识和精益求精的工匠精神。

　　和所有的工作面试一样，邮轮面试也是由面试官提出问题，应聘者回答问题。面试真题分为五大类，即个人信息、工作经验、生活常识、专业知识和工作情境。邮轮面试时，答题准确、表意清晰能让你从众多求职者中脱颖而出。邮轮面试与其他面试有相似点，也有很多不同。请思考什么样的问题是面试官最关心的问题？什么样的回答能让你得到邮轮的工作机会呢？请熟记本专题涉及的面试中的答题技巧和面试真题及回答。

第一节　面试中答题技巧

一、直接回答

　　和所有的工作面试一样，邮轮面试也是由面试官提出问题，应聘者回答问题，应聘者似乎始终处于被动地位。但实际上，面试是应聘者帮助面试官在有限的时间内增进对自己的了解的过程，即应聘者要通过回答提问，使面试官有充分的理由相信应聘者能够胜任这份工作。因此，在面试中，回答问题就不仅是提供答案，更是要借此表达出个人看法、个性、才能及进取心，使面试官对应聘者建立信心。在整个面试过程中，面试官无论以什么方式提出什么问题，其所关心的主要就是以下问题："应聘者是否能胜任并真的愿意接受这份工作？"

所以，作为应聘者，为了能应聘上自己喜欢的工作或者职位，在面试中的所有应答及活动也最好围绕这个主题。应聘者的回答和所有举止越能凸显出自己适合这个岗位，并非常愿意加入公司，那么应聘者就越能掌握面试的主动权，获得录用的概率也就大了。

面试中的答题技巧包括直接回答、婉转回答和主动提问。所谓直接回答，就是对面试官的提问给予直接的回答。比如面试时，面试官会提问以下常规问题：

请问你的名字是什么？（What is your name, please?）

你的生日是在什么时候？（When is your birthday?）

你多大年龄？（How old are you?）

你的家乡在哪里？（Where is your hometown?）

你是怎么学习英语的？（How do you learn English?）

请告诉我你所受专业教育的情况。（Please tell me something about your professional education.）

上述这些涉及姓名、年龄、教育状况、工作经验、语言能力等的问题，一般情况下，在面试时都应该直截了当、简明扼要地回答。

但是，如果面试者提问："能谈谈你的工作经验吗？（Can you tell me something about your working experience?）"虽然在回答方式上仍应采用直接回答的方式，但需要做进一步的补充说明，也就是说可以用一些具体的例证、成就来补充前面的回答，以此来加深面试官的印象。比如可以回答说："我在 W 酒店做了 3 年的客房服务生，3 年都被授予最佳员工。（I was a room attendant in W Hotel for three years, and I've been awarded the best employee for three years.）"

二、婉转回答

婉转回答，是对一些无明确答案或知道自己的真实情况无法达到面试官期望的问题，采用婉转的方式进行回答，以避免使自己处于被动的状态。对这些问题，我们在回答时都不能只是简单地回答"Yes"或"No"，而需要仔细推敲，用心回应。

下面列举了一些面试时可能遇到的问题和答题思路。

（1）你有实际的工作经验吗？（Do you have any actual experience?）

这个问题，如果你确实有实际工作经验，那么，除了回答"有（Yes）"之外，还需做一些简明扼要的介绍，如在实际工作中，你主要是负责什么，尽量使回答具体化。这种回答就属于直接回答的范畴了。倘若没有工作经验，那就需要婉转回答的技巧了，即在回答"没有（No）"时，要做适当的补充，给面试官信心。如："我一直对这样的工作很感兴趣，也很了解这个工作的范畴。"（I've always been interested in this type of work and know a lot about the work.）

（2）你为什么辞职？（Why did you quit?）

"是什么促使你决定要更换工作？"（What made you decide to change your job?）

这类问题，虽然问法不同，但用意都是一样的：了解应聘者变换工作的原因。由于应聘者变换工作的原因各不相同，所以，对于具体问题的回答也就各不相同。如应聘者目前仍有工作，只是想跳槽，那么，对这类问题就须小心应对，绝不能给面试官一个爱跳槽的印象。因此，基本的应答模式应是：我仍喜欢目前的工作、公司和同事，只是觉得现在面谈的这个工作更适合我的发展。例如，"我喜欢我现在的工作、同事和公司，但我想要提升我自己并接受更多的挑战。"（I like my current job, team members and the company, but I want to improve myself and take up more challenges.）

应聘者如果因为家庭原因要更换工作，则可以把原因直接告诉面试官，属于直接回答的范畴。

（3）你为什么要选择加入嘉年华邮轮？（Why do you want to join Carnival?）

这类问题，就提出问题的面试官来讲，他是想了解应聘者前来应聘的动机，比如可能是以前工作环境的不如意抑或待遇以及其他方面的原因，借此判断应聘者对此工作所持的态度。因此，对应聘者而言，不管自己应聘的真正动机是什么，在回答时，都必须流露出对新工作的浓厚兴趣和热情，认为所应聘的公司有利于自己的发展。

"我对旅游业很感兴趣，我渴望通过接触来自各个国家、各行各业的人来开阔视野、增长见识。我认为在贵公司工作一定会得到提升。我知道贵公司在邮轮这一行业里享有盛誉。"（I'm very interested in the tourist business and I want to broaden my horizons and increase my knowledge by meeting people from different countries and all walks of life. I think I would get promotion in your company. I know your firm has a very good reputation in the cruise industry.）

这样的回答，一方面凸显了应聘者对将来可能从事的工作的热情及动机，另一方面，又强调了在贵公司工作对应聘者成长的好处，最后，顺便恭维一下该公司，以证明应聘者对公司是有所了解并真心喜欢的。整个回答可谓逻辑严谨，十分周全。

（4）你有没有向其他公司应聘类似的职位？（Have you applied for a similar post to any other companies?）

该问题用意在于了解应聘者是否真正倾心于所应聘的公司，因此，如果没有去别的公司应聘，只需回答"没有（No）"就行了。如果确实去过别的公司应聘，那么，回答时就需要注意措辞。

比如："是的，在得知你们公司也在招人之前，我应聘了皇家加勒比邮轮公司。"（Yes, I applied to Royal Caribbean Cruises Line before I knew your company was hiring employees.）

"是的，我刚刚应聘了皇家加勒比邮轮公司，以防我不被贵公司录用。不过，我仍希望为嘉年华邮轮公司工作。"（Yes, I just applied to Royal Caribbean Cruises Line in case I am not hired by your company. However I still want to work with Carnival Cruises.）

通过补充说明原因，可以使面试官明白，你更重视的是他所在的公司。

（5）请问你对嘉年华邮轮了解多少？（Tell me what you know about our Carnival Cruise Line.）

这个问题听起来是个简单的问题，实际上却是在试探应聘者对公司的熟悉程度和看法，所以仍然要小心应对。保守一点的回答方式是，简单讲一下公司的主要产品、主要航线和知名度等。

"知道一点点，嘉年华邮轮公司是一家世界闻名的邮轮公司。"（Yes, a little. I

know Carnival is a world-famous cruise company.）

当然，如果你确实对该公司有较多的了解，又发现它有值得改进的地方，而你恰好有合适的建议，那么，可以尝试提出建设性意见。不过，这在面试中是一种比较冒险的做法，应聘者肯定自己的建议对公司有帮助，又确实有足够的理由支撑自己的观点时才可以采用，说话时也须格外小心，绝对不要表现得口若悬河，滔滔不绝。

（6）你对未来有何打算？（What are your plans for the future?）

这类问题是为了弄清楚应聘者的抱负和对自己能力的评估，以及将来的规划，借以判断应聘者是否适合未来的工作。因此在应答上，既要注重自己眼前的实际情况（学历、资历、经验），又要显示出一定的抱负，以避免给面试官留下好高骛远或胸无大志的印象。所以一般适合这样回答：

"如果可能的话，我愿意从客房服务员开始，并希望几年后能成为主管。"（If possible, I'd like to start with a room attendant position and hope to become supervisor in a few years time.）

"我希望公司能提供一些晋升的培训，让我学习到更多的知识，然后稳步向上升。"（I hope the company would provide me with some promotion training, helping me learn more knowledge and then steadily upward.）

（7）你觉得我们可以期望你在这儿工作多长时间？（How long do you think that we can depend on your working here?）

很明显这个问题潜在的意思是"你是否只会待一段时间，然后就跳槽"，所以，在回答时须用非常肯定的语气打消面试官的疑虑，但同时又要留有余地：

"我想只要可能的话，就一直工作下去。"（I'd like to continue working as long as I can.）

"如果我觉得工作有发展，我会一直待到退休。"（If I feel that my work has developed, I would stay until I retire.）

（8）你认为你具有什么样的性格？（What kind of personalities do you think you have?）

这类问题的实质并不是要了解应聘者的个性，而是为了了解应聘者对工作的态度和处理人际关系的能力。因此，应尽量围绕有利于工作、适合团队合作、善于与人相处的特点作答，切莫不假思索直接回答自己的个性。如：

"我认为自己做事积极且有责任感。"（I think I'm active and responsible.）

"我平易近人，且喜欢与人相处和合作。"（I'm approachable and like to get along with and cooperate with others.）

"我不愿意凡事抢在别人前头去指挥人，我宁愿和大家合作，共同努力完成工作。"（I don't want to be ahead of others in everything. I would rather cooperate with everyone and work together to complete the work.）

（9）你对生活抱着什么样的态度？（What attitude do you take towards life?）

这个问题旨在了解应聘者的生活观、工作观，借以了解应聘者是否是一个对生活、工作都抱有严肃、认真态度的人。因此在应对时，必须好好考虑后再作答。如：

"只争朝夕实现梦想。"（Seize every day to realize my dream.）

"接受挫败并学会坚持，不畏困难地追求梦想。"（Accept disappointment and learn to persevere, to pursue my dreams despite pitfalls.）

（10）下班后你如何消遣？（How do you entertain yourself after work?）

最后这个是面试官借此判断应聘者在工作之余是否有积极的娱乐消遣，而它是否有影响正常工作的可能。因此，回答这类问题切忌太得意忘形，长篇大论地讲述自己的嗜好，而简洁地回答"没有（No）"也会让面试官觉得你太古板、生活圈子太狭窄，故即使自己没有什么特别的嗜好，最好也稍微列举一些。若是回答自己"爱运动（I love sports）"，则一定要具体化，即举出喜爱哪类运动以及为什么，否则就等于在说"没有（No）"。

总之，婉转回答时，答话不能够太直接。若是承认某种肯定性（符合面试官心理预期）的事实，最好增加例子或细节做补充；若是承认某种否定性（不符合面试官心理预期）的事实，最好用"但是"做转折，然后做肯定性的补充。无论回答何种问题，都要表达出对邮轮工作的热爱和渴望。

三、主动提问

面试过程中，如果应聘者能适时适宜提出一些问题，会给面试官留下很好的印象，从而使应聘者的应聘成功率大大提高。但是如果提问提得不是时候，就会使自己陷于被动。所以面试时必须掌握合适的时机，适时适宜地主动提问。

其实，在面试中至少有三种情况是可以主动提问的。

（1）在面试过程中遇到回答不上来的问题时，可以尝试通过适宜的提问扭转面试的局面，引导面试官进入应聘者之前准备好的内容上。

例如，面试官问："你知道花园沙拉的食材有哪些吗？（Can you tell me the ingredients of garden salad?）"，当时的你不知道答案是什么，这时候你可以尝试主动提问："抱歉，我对花园沙拉并不熟悉，但是我曾工作过的餐厅里的顾客非常喜欢凯撒沙拉，我可以向您介绍一下吗？（I'm sorry, I'm not familiar with garden salad. But the guests of the restaurant where I worked like Caesar salad very much. Can I introduce Caesar salad to you?）"通过这样的提问，虽然没能回答面试官的问题，但很巧妙地规避了无法回答的尴尬，并把面试官引导入你熟悉的知识领域。

（2）在面试即将结束时，面试官一般都会问应聘者是否有任何问题，这是面试官希望应聘者能提出问题更好地了解自己的公司，同时也用来测试应聘者对这份工作的企图心、决心和热情。

例如，在面试结束前，面试官最常见的问题就是："你有没有什么问题想要提出来的？（Do you have any questions?）"这个时候如果应聘者害怕发问不妥当，或是不知道该从何问起，甚至回答没有问题，都很可能会让面试官认为应聘者想要这份工作的企图心、决心还不够强。相反，应聘者应该更积极、主动地利用面试最后一关的机会，适时地提出问题，这不但有助于面试官加深对应聘者的印象，而且应聘者也能趁此机会进一步了解应聘公司的企业文化。最重要的是，如果能够在面试时提出漂亮的问题，录取的概率将会大大提高。前往面试前可以准备几个反问面试官的问题，举例如下。

贵公司对这个岗位的工作内容和期望目标是什么？有没有什么是我可以努力提

升的地方？（What is the job duties and expectation for this position? Is there anything I can do to improve myself？）

● 在决定这个岗位的人选时，公司考虑的第一要素是什么？（What is the first factor that the company considers when deciding the candidate for this position?）

● 如果我加入贵公司，贵公司是否提供晋升的培训？（If I join your company, does your company provide promotion training?）

● 贵公司很重视团队合作，能让我知道团队其他成员的素质和情况吗？（Your company attaches great importance to teamwork. Can you let me know something about other team members?）

● 能否为我介绍一下我的工作环境，或者是否有机会能参观一下呢？（Can you tell me something about my working environment, or have a chance to visit it?）

至于薪水待遇、年假天数、年终奖金、福利措施等问题，有些公司的主考官在面试时会直接向求职者提出。如果对方没有提及，最好在面试官明确示意的情况下再提出。

（3）在面试过程中，可能因面试的人太多、面试官过分疲劳而出现暂时性的冷场。这时，应聘者也可以适时提问，以打破冷场的尴尬局面，使对话顺利进行下去，进而赢得面试官的好感。

例如：应聘者可以提出一些具有商量性或者启发性的问题："我想知道您认为我是否能够胜任这份工作。（I would like to know whether you think I am suitable for this job.）"对这样的问题，面试官通常会思考一会儿再给出答案，他的思路也就被带回，冷场的局面也就消除了。或者"目前贵公司员工面临的主要挑战有哪些？（What are the major challenges that the staff is facing right now?）"通过这个问题，应聘者可以看看自己对公司面临的问题能否提出自己的意见和看法，借此表明自己是一个善于解决问题的人，同时如果这家公司真的不适合自己，应聘者可以考虑是否要加入。

因此，若能把握好时机适时适宜地主动提问，同样可以凸显自己，为顺利通过面试加分。

四、面试句式

面试句式主要分为两种：封闭式问题和开放式问题。

（一）封闭式问题

封闭式问题一般分为广义和狭义两种，但是针对邮轮面试英语，一般指的是狭义的封闭式问题。这种问题是用"是（Yes）"的肯定句式和"否（No）"的否定句式来回答面试官的问题。面试官的意图是通过这些问题来了解被面试者自身所具有的潜在能力。所以，回答类似问题的时候，技巧是不要只是简单地回答"是（Yes）"或者"否（No）"，最好再进行一个简单的补充说明。

Example 1

● Q: Could you please tell me your name?

● A: Yes. /Yes, I am Lily，L-I-L-Y.

Example 2

- Q: Are you from Fujian Province?
- A: Yes. /Yes, I am from Fuzhou, Fujian Province.

Example 3

- Q: Are you applying for Room Service Attendant?
- A: Yes. /Yes, I am applying for Room Service Attendant.

以上这些问题，第二个回答能让人了解到更多的信息，也会比单纯地回答"是（Yes）"或者"否（No）"让面试者听起来更舒适。

（二）开放式问题

开放式问题的回答通常会比较长，技巧是思考并反馈，根据自己的实际情况回答面试官的问题。

面试官提出开放式的问题时，请注意听清关键词（key words），这些词大多是什么（what）、为了什么（what...for）、哪个（which）、谁（who, whom）、谁的（whose）、为什么（why）、哪里（where）、怎样（how）、多远（how far）、每隔多久（how often）、多少（how many, how much）、多久（how long）、多大（how old）等，比如：

- What position do you want to apply for?
- With whom did you work during your internship?
- Why do you want to work onboard?
- How long did you wait outside just now?
- If I am the guest, how do you greet to me?

回答以上这些问题的主要原则是简单、直接、明了、自然和真实。

五、面试失误问题

在邮轮面试时常常会有人因为以下这些失常表现而被淘汰。

1. 敲门与关门环节

面试时有些地方有敲门环节，不少人敲门时把心里的焦躁情绪反映出来了，敲门过急；也有些敲门很小声，无力。有些面试场所是自闭门，很多被面试者进去后，可能忘记了轻轻关门，自闭门突然自动关闭发出"砰"的一声巨响，这很影响面试气氛。

2. 面试中对待听不懂的问题时的错误处理

面试时不会主动要求面试官重复问题，当问题听不懂时应聘者会以祈求的目光看向面试官期望面试官对问题进行重复，但要求甚严的面试官往往不会重复问题，进而导致面试冷场。正确的做法是应聘者向面试官说："很抱歉，您能重复一遍吗？（Sorry, sir/madam, could you say it again?）"或者"很抱歉，我没有理解您所说的。您能再重复一遍吗？（Sorry, sir /madam. I didn't catch what you said. Could you repeat what you just said?）"

3. 对待考试的观念错误

面试本来是一种非量化的交流，而有些被面试者长期受到英语考试的影响，一有不会答的问题就把自己厌恶考试的惯性心态通过面部表情暴露出来了。

4. 没有重视打招呼细节

很多人在面试官问候语之后才开始打招呼，而且不知道回问，比如，面试官问"你好吗？（How are you？）"回答"我很好。（I am fine.）"而没有回问对方"那您呢？（How are you?/And you？）"，这是不大礼貌的。

5. 缺乏对客气话的回馈

当对方客气时，没有以客气的方式回敬，比如对方说"你能介绍下你自己吗？（Could you introduce yourself？）"，马上说"我的名字是……（My name is...）"，而没有注意首先需要客套来回敬面试官，然后再回答问题。较好的回答为"是的，女士。我的名字是……（Yes, madam. My name is...）"。

6. 缺乏微语言的运用训练

擅自篡改面试官的动词，比如，面试官问"你来自哪里？（Where are you from?）"，回答说"我来自……（I come from...）"。这个回答中擅自更改动词，这种行为虽然只是语言使用上的习惯问题或者语言水平问题，但却给面试官一个不好的提示，面试官错误地认为被面试者肯定不属于服从命令、听从指挥的那种人。

7. 缺乏回答问题的技巧训练

回答问题只回答"是/否（Yes/No）"，而忽略了整个句子的完整回答，比如面试官问"你有护照吗？（Do you have a passport?）"，经常听到的回答是"有（Yes）"，而没有使用"是的，我有。（Yes, I do.）"。

8. 缺乏社会语言学层面的认真思考

缺乏对面试官的社会语言学层面的剖析，回答问题过短或语句不平衡。比如，面试官问"你们家有几口人？（How many people are there in your family？）"，回答"四口（Four）"，而准确和聪明的做法是采用与问句相同的动词形式的句子，"我家有四口人，先生/女士。（There are four people in my family, sir/madam.）"。

9. 忽略眼神交流

很多面试者的英文水平比较低，是靠死记硬背面试题来应对面试的，所以不少人会在面试时闭上眼睛进入背诵模式。我们常说眼睛是心灵的窗户，在面试中正确的做法是将目光中心点落在面试官的下巴处，目光停留的区域应该是扇形，从额头到脖子，不是聚焦。

在面试中眼神的错误表现：① 过分聚焦（让面试官有一种不寒而栗的感觉）；②目光不看面试官，惊慌失措或躲躲闪闪（给面试官一种严重不自信的感觉）；③面试官正视时，被面试者目光突然跳开，游移不定（给人一种隐藏不可告人秘密的感觉）。正确的方法是心中存有高兴的感觉，用期盼的心情看着面试官。

10. 缺乏正确的走路姿势训练

不良走路姿势：①低着头走路（不自信、悲观、心理不健康）；②仰头走路（有自大的感觉，做事不谨慎，可能很难与同事相处）；③女性夸张的模特步（有种做作的感觉，可能会不合群）。正确走路姿势应该是上身挺直、步伐轻盈，女士走路不可显示夸张的模特步，自然摆臂，走路时不可刻意想着走路姿势。

11. 由于英语水平不够而露出行为上的窘态

有些人在说英语时夹杂着汉语，更有甚者，不少人为了强化理解，当面试官问过英语问题后嘴里反复念叨着汉语翻译。有些应聘者在面试官提问而没有听懂时挠头或者用一种可怜的目光祈求面试官重复。

12. 套用固定模板生硬背诵

背诵范文很重要，但是很多时候记忆会成为惯性，比如在自我介绍时背诵范文"我的姓名是……，我来自……，家里有 3 口人。（My name is..., I am from..., there are three people in my family.）"但是又在后续的问答中回到自己的真实情况，家里有 4 口人，前后矛盾。

13. 忽视面试收尾环节

被面试者在完成面试后感觉过关了，所以忘记了礼貌地退出、轻轻关门，出了门后还大声喧哗，导致面试官非常不悦，本来拟定聘用改为不聘用。

14. 忽视面试前留给面试官良好的第一印象

被面试者在候场时失态，具体表现是四肢发抖，表情特别紧张，东张西望，这些行为往往会被面试官看到。

15. 面试前忽视了化妆环节

服务员及相关岗位有化妆要求，不论男女在面试时都应按要求化妆。

16. 面试前准备不足

不少被面试者头发染成五颜六色，戴耳环、鼻环、戒指等零碎装饰。邮轮乘务岗位的职责要求乘务人员服务时应尽量做到整洁，戴上述饰物既影响形象，又影响服务质量。

17. 面试中坐姿不当

不良坐姿：①身体靠后太紧（给人以懒惰和自满的感觉）；②不断晃动身体或者晃动腿（给人一种不安分的感觉）；③跷起二郎腿（给人一种不守纪律的感觉）；④歪着身体坐着（给人一种不自重的感觉）；⑤哈着腰，弓着背（给人一种懒惰和颓废的感觉）。

比较准确的处理方式应该是先询问面试官"我能坐下吗？（May I sit down?）"，得到对方同意后才可坐下。坐下时一定要注意身体不要往后靠，至少与椅子后背保留一个拳头左右的距离，也就是坐下时身体尽量往前一点就可以。

正确坐姿（图 1-3），通常男女有别，男士上臂自然下垂，双手轻搭在双膝上，双腿微微打开，大腿与小腿呈 90°。女士上身挺直，大腿和小腿的夹角可以小于 90°，双腿夹紧。

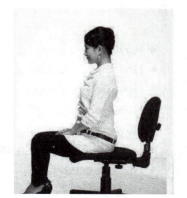

图1-3　正确坐姿

18. 动作张弛无度没有拿捏好

有些被面试者由于上课或者培训中过于放松，养成一种动作过于随意、夸张的习惯，甚至有放肆的感觉。被面试者应该正视面试，要了解邮轮乘务人员的基本要求之一就是要顺从，要有服务意识。

19. 忽视嘴角姿势

不少人沉思时嘴角下陷，给人扫兴的印象。被面试者的嘴角包装也很重要，通常嘴角向两边散开就是笑的样子，因此在说话间歇时被面试者一定要保持愉悦的心情，保持这种笑的表情，这样成功概率会大增。

20. 缺乏通过语言做心理暗示的准备

比如许多被面试者在面试结束时通常都说"Goodbye"，而比较好的做法是说"See you next time"或"See you again"。这样做无意之中是暗示面试官作出聘任的选择。

第二节 邮轮面试题型

面试真题分为五大类，即个人信息、工作经验、生活常识、专业知识和工作情境。邮轮面试时答题准确、表意清晰能让你从众多求职者中脱颖而出。

一、个人信息

个人信息这部分包括的面试问题涉及寒暄应答、私人信息、兴趣爱好、旅游经历、教育背景、家乡情况六个领域。

（一）寒暄应答

面试开始时，面试官会对被面试者用不同的方式打招呼，作为面试的开篇句。比如，"How was your morning?""Is everything OK for you?"等。

由于面试官在同一天要面试数十名被面试者，面试官为了获悉被面试者最真实的英语口语表达能力，他不会每次只是简单地用"What's your name?"或者"How old are you?"来开始提问。相反，面试官会想尽一切办法，变换各种句式去问被面试者同一个问题。除了上面两种打招呼的句式外，还有很多种句式作为面试的开场白，如：

- How are you going?
- How do you feel today?
- How are you doing today?
- How are you today?
- How are you feeling today?
- What is your family name?
- Are you nervous?

诸如类似句式的变换，数不胜数，这就要求被面试者在面试前熟悉各种句式，不能仅仅局限于那些问名字、年龄、家乡的句式，要善于处理和应对灵活多变的句式，在面试过程中不要紧张。

针对面试开场白的问题，被面试者回答时要灵活，可以采用互动的方式，比如：

- Q: How are you feeling today?

- A: I am great, thank you. How are you?

也可以采用直接回答法，比如：

- Q: Where are you from?
- A: I am from Fujian.

面试开场白的应答原则：简单、直接，稍加互动。俗话说："万事开头难。"只要有一个良好的开端，那么后面的面试题也就可以对答如流了。如果面试开始的时候被面试者很紧张或者没有开好这个头，就会影响后面的面试，从而恶性循环，导致面试失败。因此，被面试者要把这些开篇的句式反复练习，灵活应用，就会顺利打开面试的大门了。

（二）个人信息

这类题目比较简单，被面试者按照自身的实际情况作答即可，类似的题目有：

- What's your height?
- When is your birthday?
- What does your younger brother do?
- What kind of coffee do you like to drink?
- When did you wake up this morning?
- How many people are there in your family?

（三）兴趣爱好

面试过程中，面试官会针对被面试者的个人兴趣爱好挖掘更深层次的面试话题，不只是简单地问例如 "What is your hobby?" "What do you do in your spare time?" 等问题后就停止问话了，后面还会继续问更深层次的问题，他会从被面试者的"个人兴趣爱好"这个话题点开始，逐渐地铺开一个面，展开话题内容，从而掌握被面试者的实际情况，进而判断被面试者的潜质，最后断定被面试者是否适合邮轮上的工作。当然，这也就意味着被面试者是否能通过面试。

比如提问："What do you do in your spare time?" 这时候回答："I usually go swimming."面试官接着还会继续问：

- Why do you like swimming?
- How long did you learn swimming?
- Why don't you choose the job about swimming？

最后会提出 "Why do you want to work onboard?" 来了解被面试者上邮轮工作的决心和目的。

面试官问题的难度会层层增加，题目也会更加细化，所以在面试前尽量深入了解一下自己的兴趣爱好以及相关事项的英文表述，在面试时切记要与简历内容一致，这样才能帮助自己顺利通过面试。

（四）旅游经历

这部分主要是针对被面试者的旅游经历而设计的面试题型，要求被面试者对自己曾经游览过的名胜古迹熟悉掌握，尤其是相关景点的专业词汇、景点的历史、景点的著名人物、著名小吃等。如果被面试者自己曾经游览过的地方很多，不需要把所有游览过的景点都列出，选择最具代表性的，或者最方便自己口语表达的即可。

通常会有如下问题：
- Where have you been to?
- Can you tell me how I can get to the Three Lanes and Seven Alleys?
- What can I buy in the Three Lanes and Seven Alleys?
- Can you introduce any other interesting places?

这类题目是可以事先准备好的，尽量选择自己去过或者是非常熟悉的景点，这样便于口语表达，可以让自己在回答时更从容一些。另外在面试前，最好多准备一些景点素材，最好涉及景点政治、历史、文化、经济等话题，以不变应万变。

（五）教育背景

教育背景是任何一个求职者都必不可少的人生经历，同时也是受教育程度最直观的体现，所以在面试前，一定要对自己的专业词汇烂熟于心，准确知道自己学校、专业、所学课程名称、科目名称、核心课程名称、实操课程名称以及所有课程的学习内容，这样才不会在面试时露怯。通常参与面试人的英语水平一般，所以在面试前，大部分人可能会参加英语培训课程，在校生在学习其他专业知识的同时也会花更多精力在英语学习上。针对这个现象，面试官也会在面试中增加关于英语学习的问题。类似会出现的问题有：

- How many years did you study there?
- When did you graduate?
- What is your major?
- How many courses did you learn?
- How many hours do you study English in a day?
- How do you practice your English every day?
- How did your teacher train you?
- What did you learn from the training class?

（六）家乡情况

关于被面试者家乡的问题，通常涉及其家乡的政治、历史、文化、经济、饮食、人文、气候、风土人情以及旅游景点等话题，比如：

Are you from Fujian Province?
Do you like Fuzhou more than Xiamen?
Can you recommend any interesting places to me?

所以在面试前多多了解家乡风土人情，面试时遇到此类问题就可以流畅应答。

二、工作经验

工作经验这部分包括的面试问题涉及工作动机、工作岗位、工作经历、工作规划和雇佣原因五个方面的内容。

（一）工作动机

面试官为了获悉被面试者上邮轮工作的真正动机，通常会问一些问题，通过问题的答案了解被面试者对邮轮工作岗位真正的想法、目的和动机，比如：

- Why do you want to work on cruise ship?

- Why do you want to work onboard?
- Why do you want to work for Carnival?
- How do you know our company?

被面试者回答此类问题时，尽量不要使用套话，比如：

Q: Why do you want to work on ship?

A: Because I like travelling, I like the sea.

这是大家最喜欢用的答案，但是作为邮轮公司的面试官，是不喜欢这样笼统而不走心的回答的，而且面试官会认为你的工作动机是为了一边工作一边旅游，而非专心工作。这样的答案会让面试官质疑你上邮轮工作的坚定决心。

所以在回答"工作动机"的面试问题时，要巧妙地结合自身的特点或者自己个性化的生活经验来具体回答。比如：被面试者的父亲是轮机长，而他在回答这类面试问题的时候就应巧妙地结合父亲的工作经验，面试问答如下：

Q: Why do you want to work on ship?

A: Because my father is a Chief Engineer. I was very interested in the ship and the sea when I was a little boy. That's why I want to work onboard.

这样的回答，会让面试官感到耳目一新、与众不同，同时也给面试官留下了深刻的印象，为被面试者加分。因此，被面试者在面试时一定要做到灵活多变、灵活应对，灵活结合自身的工作经历、学习经历以及生活经历回答问题，目的就是要做到在众多的被面试者中脱颖而出，给面试官留下一个深刻的印象。

（二）工作岗位

这类提问通常是想考查被面试者对国际邮轮公司面试岗位职责的熟悉程度。如果被面试者对其要面试的岗位职责都不了解，那么，面试通过的可能性就几乎不存在了。

面试官经常问到的问题如下：

- What is RSA?
- What position do you want to apply for?
- How do you understand PAA?
- Do you know the duty of RSA?

被面试者回答此类问题时，一定要熟知岗位职责。为了能更好地把握面试机会，在10分钟的面试时间内全面地展示自己，面试前，被面试者务必准确熟知自己所面试岗位的职责及工作流程。

Q: How do you understand PAA?

A: Public Area Attendant is to make sure building, furniture, floors and all public areas are clean.

注意：在回答此类问题时，尽量不说 PAA，因为 PAA 是工作代码，不是岗位名称，被面试者回答时最好说出岗位的全称，即 Public Area Attendant。面试官可以这样问，但是被面试者应尽量用岗位全称来回答。

（三）工作经历

这部分主要是针对有工作经验的被面试者设计的面试题型，如果被面试者能够合理地运用技巧将面试官引导进自己提前准备好的面试范围，那么整个面试过程将全部针对被面试者的工作经验展开对话，被面试者就会占据面试的主导地位，从而顺利通过面试。所以，你需要这样做：

Q: Why do you want to work on cruise ship?

A: Because I worked as a room attendant in Saipan for 2 years.

试想一下，被面试者回答说曾经在塞班酒店做过客房服务员，这样就顺利把面试官引导进了自己准备好的工作经验范围，同样也会引起面试官的后续问题，比如：

What did you do in Saipan?

What was your duty?

Why did you quit your job?

被面试者具有良好的工作经验，那么被面试者要想尽一切办法引导面试官进入被面试者提前准备好的工作经验的范围。无论面试官问什么样的面试问题，有工作经验的被面试者都要学会利用这一个技巧，展示自己的亮点，这样才能增加面试通过率。如果被面试者没有全职的工作经验，兼职的工作经验也可以。

（四）工作规划

这部分主要是针对被面试者的个人未来计划设计的面试题型，面试过程中面试官想要了解被面试者对自己未来的职业规划，从而间接判断被面试者计划上邮轮工作的期限。类似的面试问题有：

- What will you do if you don't pass this interview?
- If you pass this interview, what will you do?
- If you parents don't support you, what will you do?

这类问题要求被面试者要对自己的未来规划做一个整体安排，并能用英语流利地表达出自己强烈想上邮轮工作的意愿，以及要让面试官知道自己已经做好了上邮轮工作的长期打算与安排。

（五）雇佣原因

这部分题目主要出现在面试即将结束时，面试官的目的是想通过这类问题来了解被面试者的灵活应变能力。比如：

- Give me one reason why I should give you this position.
- Give me a reason why I should choose you.
- Why should I give you this chance?

遇到这类问题，你可以这样回答：

Q: Give me one reason why I should give you this position.

A: Because I am diligent and optimistic. If I come across something new and difficult, I will try my best to face the trouble and learn the new skills.

三、生活常识

生活常识这部分包括的面试问题涉及临场应变、新兴事物、数字计算三个领域的内容。

（一）临场应变

这部分题的特点是多变、不固定，随着地点和环境的转移和面试官的心情而变化。面试官可以将面试现场的任何物品和任何人作为面试问题，下面的问题都是根据当时面试现场的人物、摆设、装饰提出的问题，比如：
- Are there any books on the table?
- Can you show me your thumb?
- Are there any paper on the table?
- Can you close the door for me?
- What is the color of your jacket?

这类问题要求被面试者有较强的观察力、洞察力和随机应变的能力。被面试者需要仔细观察面试现场，洞察面试官的心思以及随时应对灵活多变的问题。

此外，回答这类问题时要小心落入面试官的"陷阱"中，所以被面试者必须要做到不紧张、反应快，平时注意积累词汇、扩大词汇量。

（二）新兴事物

在"互联网+"的时代，国际邮轮面试也涉及一些互联网相关的问题，这部分主要是针对网络流行的应用程序（Apps）而设计的面试题型。面试过程中被面试者的简历中有"电子邮箱"一栏，这部分内容有时候也是面试官展开话题的一个突破口，如：
- What is Facebook?
- How do I pay by WeChat?
- How can I buy it from Taobao?

这就需要被面试者熟悉当前各类流行的新兴事物，了解其功能和用途，掌握其英文表达方式，根据现实情况回答即可。

（三）数字计算

英语数字对中国的英语学习者来说是个难点，听英文数字的时候反应比较慢，这就要求被面试者反复练习数字的听说。这部分主要是针对数字而设计的面试题型。

这类问题要求被面试者要善于用英语数字进行计算和口算，如面试官会问道：
- Q: How many days are there in a week? A: 7 days.
- Q: What's 6 plus 7? A: It's 13.
- Q: How many days are there in two years? A: 730 days.

上面第一个问题很容易回答，但是第二、三题就需要时间计算了，面试官问这个问题的目的不仅是要考被面试者对数字的熟悉程度，还要考被面试者基本的计算能力，回答时如果没法精准回答，可以在数字前加"about"。

尽管英文数字的听说对于中国的英语学习者有一些困难，但是在邮轮面试中涉及的数字都不会很复杂，因此被面试者只要在平时注意练习基本英文数字的听说就可以应对自如了。

生活常识类面试题范围较广，只有在日常生活中不断累积词汇量、练习听力，才能在面试中发挥稳定，成绩优异。

四、专业知识

不同的邮轮公司对于面试的要求、标准有所不同，并且对于面试题型的侧重点和倾向性也各有不同，这类题目的设置是为了迎合不同求职者的需求，考验其专业知识，需要每位求职者根据自己应聘的岗位职责来作答。根据岗位设置不同，专业知识一般分为客房服务专业知识、前厅服务专业知识、公共区域服务专业知识、餐厅服务专业知识、护士助理专业知识、儿童看护专业知识、摄影师服务专业知识、娱乐区服务专业知识、免税店店员专业知识、调酒师专业知识、管家和导游专业知识、洗衣房服务员专业知识等。常见问题有：

- How do you clean the toilet?
- What are the procedures for carpet cleaning?
- How do you make a bar clean?
- Please tell me the main salad for Western style.

（一）客房服务常见专业问题

Example 1

Q：How do you manage the mini-bar? What do you put in it? Who fills up the mini-bar?

A: As a housekeeper, I take charge of the management. Before check-out, I will check the usage statues（使用情况），such as the shortage of coke, spirits, cup noodles, chocolate, chips, etc. I will also check the table account（台账）to see whether the guest leave the consumption message or not. I will fill up the mini-bar and then I report to the Front Office via Walkie-talkie（对讲机）promptly. Housekeeping attendant will fill up the mini-bar.

Example 2

Q: What is the standard of cleaning the rooms?

A: I shall ensure that there is no garbage remaining in any cabin. I shall keep all cabins clean and tidy. All bed linens are changed and beds are made.

Example 3

Q: How to clean the stains on the blanket?

A: I will use different potions to clean it according to different stains and different blanket.

（二）前厅服务常见专业问题

Example 1

Q：If the guest lost the room card or room key, what will you do as a front desk attendant?

A：I will certainly help the guest renew a room card or give a new room key. I will also ask the guest where the card or key was possibly lost. If possible, I will ask my colleagues to look for in that area.

Example 2

Q: How do you check the personal information as a front desk staff？

A: I will verify（查实）the personal information with the real person. For example, I will check the photos in the ID with the real image in front of me. Of course, the police-wanted person（警方通缉犯）may hide in the guest group. I will of course check the ID carefully for security reasons. If any suspicion（怀疑）is found, I will inform the police immediately.

Example 3

Q: How do you handle difficult guests?

A: I will follow the following principles to handle difficult guests: listen fully to guest's concerns, immediately apologize, show my care, take action, explain what is happening, notify and follow-up.

（三）公共区域服务常见专业问题

Example 1

Q: When you are mopping the floor and a guest is passing by, what will you say and what will you do?

A: I will stop the cleaning work and leave a way for the guest. I will also greet（问候）the guest with a smile.

Example 2

Q：Could you please tell us the cleaning tools used for public area?

A: Yes, sir/madam. Upright vacuum cleaner（直立式吸尘器）, high speed grinder（高速打磨机）, trolley（手推车）, placecard（标志牌）, sponge（海绵）, sprinkling can（喷壶）, all purpose cloth（百洁布）, gloves（手套）, mop（抹布）, broom（扫帚）and canned vacuum cleaner（筒式吸尘器）.

Example 3

Q: What will you do as the courtesy, when the passengers pass by?

A: I will bow down and greet them.

（四）餐厅服务常见专业问题

Example 1

Q: Could you tell me about your daily duties in your restaurant?

A: Yes, I can. I'm responsible for food and beverage service and sales in the restaurant, including recommending and suggesting food and drinks, upselling food and drinks to guests, taking food and drink orders, serving drinks and foods, setting tables, handling guests complaints and so on.

Example 2

Q: Introduce the signature dish in your restaurant.

A: The signature dishes in my restaurant are Char Grilled Australian Rack of Lamb（碳扒澳洲羊架）, Baked Pistachio Nut Cod Fish（焗烤开心果银鳕鱼）, Lobster Thermidor（芝士焗龙虾）. They are very popular in my restaurant.

Example 3

Q: What kind of appetizers do you have?

A: We offer many kinds of appetizers in my restaurant, such as Smoked Salmon（烟

熏三文鱼）, Tuna Fajitas（墨西哥吞拿鱼薄饼卷）, Caesar Salad（凯撒沙拉）and so on.

（五）娱乐区服务常见专业问题

Example 1

Q: Do you have the experience on organizing a large activity? If you have, what was the activity? / Do you have any experience to host an entertainment program?

A: I have organized a singing competition. All schoolmates passionately attended this activity.

Example 2

Q: What do you do for the assay（化验）of the water in the swimming pool?

A: As an attendant, I will fetch the sample of the water in the swimming pool and deliver it to the lab everyday. The assay report is required to announce（发布）in time. If the water quality is not good, the exchange will be informed.

除了上述专业知识以外，还有护士助理、儿童看护、摄影师服务、免税店店员、调酒师、管家、导游、洗衣房服务员等不同岗位的专业知识，需要大家根据应聘岗位和自身具体情况准备资料。

五、工作情境

情境面试题型是面试官把邮轮工作的实际场景搬到了面试现场，假设一些问题，而这些问题又都是曾经在邮轮工作地点实际发生的情景，面试官问这类问题的目的是想要了解他们公司未来的员工是否具备了将来上邮轮工作的潜力和各种意识，如服务意识、责任意识、安全意识等。

类似的面试题型有：

- If a guest's glass is empty, what will you do?
- When the restaurant is very busy and there is no menu, and the guests want to order, what will you do?
- If a baby is crying on the ship, what will you do?
- If my order is not in your menu, what will you do?
- If I am a guest, what will you say to me when you see me in the afternoon?

这类问题要求被面试者要具有很强的服务意识，了解所申请岗位的专业知识，回答此类问题时要时时刻刻站在客人的角度考虑问题，最终目的就是让客人开心、高兴，让他们成为邮轮公司的回头客。下面举几个例子：

Example 1

Q: If I'm a guest and I got the wrong order delivered, what will you do?

A: I will say sorry first, then double check the order and try my best to solve the problem and make the guest be satisfied with the result. To compensate my mistake, I will offer a complimentary drink to the guest.

Example 2

Q: If the guests' fork and spoon fall down, what will you do?

A: I will pick up the fork and spoon, and replace it with another set of spoon and forks for the guest.

Example 3

Q: If you overhear that it is my birthday today, what will you do?

A: I will discuss with the chef in the galley and give you a piece of cake or a small gift.

Example 4

Q: If you are a cleaner, and you know that it is my birthday today, what will you do?

A: I will wish you "Happy Birthday" and sing a song for you.

针对情境题，回答的原则是在了解自己的工作内容、工作领域的基础上，站在客人的角度思考问题和处理问题，让客人满意和开心，使客人愿意下次再来乘坐邮轮或者非常乐意将这趟邮轮推荐给他的至亲和朋友，如果应聘者的回答做到了这一点，面试官一定会给出一个令人高兴的面试结果。

下篇
国际邮轮专业知识

模块二

国际邮轮概况及船舶基本知识

专题一　国际邮轮公司简介

学习目标

知识目标

（1）了解各国际邮轮公司的基本情况和发展历史；
（2）了解各邮轮公司旗下著名邮轮的基本资料和服务特色。

技能目标

（1）分析各邮轮公司发展策略和所提供服务间的关系；
（2）分析历史环境和政策对邮轮公司发展的影响；
（3）分析当下国际国内背景对邮轮业发展的影响。

素质目标：

（1）培养学生对邮轮的兴趣；
（2）拓宽学生的国际视野，培养学生的爱国情怀。

专题导入

邮轮本是运输乘客和货物的交通工具，20 世纪中期开始，航空旅游逐渐盛行，为了增加邮轮的竞争力，邮轮度假的概念逐步兴起。国际邮轮公司和邮轮品牌众多，邮轮公司之间的竞争在于谁的船舶更大、更快、更豪华。请熟记本专题涉及的邮轮基本信息和服务特色。

第一节　国际知名邮轮品牌

一、嘉年华邮轮

1. 嘉年华邮轮介绍

（1）发展历程

嘉年华邮轮在 1972 年由泰德·阿里森（Ted Arison）创办。开业初期，嘉年华邮轮是美国国际旅游服务（American International Travel Service, AITS）的子公司。同年，公司购入用于跨大西洋航线的"加拿大女皇"号远洋客轮，并且将其改名为"狂欢节"号（Mardi Gras），作为公司开始运营的第一艘邮轮。

1982 年，嘉年华邮轮的"热带"号（Tropicale）开始首航。"热带"号是嘉年华邮轮公司史上首艘新船，亦是嘉年华邮轮首艘专门为邮轮旅游服务而建造的船只。

嘉年华邮轮的母公司在 1994 年改名为嘉年华集团（Carnival Corporation），以便外界区分嘉年华邮轮和嘉年华集团。

嘉年华邮轮在 2021 推出其第一艘使用液化天然气作为燃料的邮轮"狂欢节"号（和公司历史上的第一艘船同名）。

（2）船队介绍

截至 2022 年 6 月，嘉年华邮轮公司运营着 23 艘豪华邮轮，同时还订购了另外两艘新船。

目前船队的旗舰是下水于 2021 年的拔萃级（Excel Class）邮轮"狂欢节"号（Mardi Gras）。新的"狂欢节"号总吨位为 18.88 万吨，最高载客量达到 5282 人，是嘉年华邮轮历史上最大的船只。

"狂欢节"号分为六个区域，包含主题元素和空间、互动节目和活动区域，也提供各种餐饮和购物空间。船顶层甲板是"终极游乐场"区，世界上第一个船载过山车"博尔特"（Bolt）就坐落在这里。在过山车旁边有水上活动中心和运动娱乐区域。

2. 嘉年华邮轮特色

嘉年华邮轮的特色在于船上会包含邮轮旅游应该具备的一切，从多样化的休闲设施、新颖的设计、舒适的客舱到丰富的美食和饮品。邮轮上的秀场节目与娱乐设施应有尽有，让旅客在船上宛如天天参加嘉年华盛会。闪烁的霓虹灯、流光溢彩的环境，提供给游客豪华的超五星级享受。

除此之外，嘉年华邮轮也是以欢乐为主题的邮轮，娱乐活动不可胜数，除了基本的网球、高尔夫球等，夜晚更安排现场歌舞表演，游客也可以跳舞或者去酒吧小酌两杯。嘉年华邮轮以热闹的派对和丰富的主题活动为特色，精力充沛且喜欢社交活动的游客会非常享受。

（1）娱乐活动

游客可以在嘉年华邮轮的水上乐园戏水，在海上的空中乐园呼吸新鲜空气，或者在空中训练场参与与众不同的攀岩活动。也可以什么都不做，只待在成人专用的宁静休息室里。或者花一天时间泡个澡、玩水嬉戏、游泳、在泳池边好好休息一下。船上的水疗中心更是游客旅程中绝佳的休息场所。

（2）美食

美味的菜肴、诱人的甜点随处可见，嘉年华邮轮擅长的就是用美味来唤醒和愉悦游客的心灵。

（3）套房与客舱

嘉年华邮轮配备不同类型的客舱供游客选择，从舒适的标准客舱到配有额外浴室的家庭友好特等客舱。房间内均配有品牌洗漱用品和水疗设施，游客可以站在客舱的阳台上欣赏令人惊叹的海景。

（4）岸上游览

嘉年华邮轮与优质旅游服务供应商强强联手，以优质的服务细节和合理的定价为游客提供丰富多样的岸上游览选择。

（5）家庭活动

嘉年华邮轮提供多种多样的亲子活动，适合不同年龄段的儿童及青少年，让一家人在邮轮上度过一个幸福的假期。

面试必备英文

Carnival Cruise Line is an international cruise line with headquarters in Doral, Florida. The company is a subsidiary of Carnival Corporation & plc. Its logo is a funnel shaped like a whale's tail, with a red, white and blue color scheme. Carnival is ranked first on the list of largest cruise lines based on passengers carried annually. As of June 2022, Carnival Cruise Line operates a fleet of 23 ships.

Carnival Cruise Line has a broad consumer appeal, attracting families, couples, singles and seniors and carrying nearly one million children each year. In 2021, Carnival Cruise Line was voted "Best Ocean Cruise Line" in USA Today's 10 Best Readers' Choice Awards. In addition, Carnival Cruise Line was named "Best Domestic Cruise Line" and "Best Cruise Line for Families" by *Travel Weekly*.

Key words
Carnival Cruise Line 嘉年华邮轮公司
Carnival Corporation 嘉年华集团
logo 标识

Related questions
Can you tell me what you know about Carnival Cruise Line?

二、歌诗达邮轮

1. 歌诗达邮轮介绍

（1）发展历程

歌诗达邮轮（Costa Crociere）起源于1860年的Costa家族，名字源自创始人贾西莫·歌诗达（Giacomo Costa）先生。歌诗达邮轮是以"海上意大利（Italy at sea）"为品牌定位的邮轮公司，是欧洲地区最大的邮轮公司，隶属于世界邮轮业翘楚嘉年华集团。

1959年，歌诗达公司推出世界上第一艘专为旅游娱乐而设计的海上邮轮"法兰克西"号（Franca C.），它为游客提供美国和加勒比海地区为期7天和14天的邮轮旅游服务。

2003年4月，歌诗达邮轮正式加盟世界上最大的邮轮度假集团——美国嘉年华集团。

2017年5月26日，嘉年华集团宣布与蚂蚁金融服务集团签署协议，在嘉年华集团亚洲舰队上提供支付宝服务，游客能够在邮轮旅行中以移动支付方式进行消费，更方便快捷地享受嘉年华集团旗下品牌的产品与服务。

（2）船队介绍

歌诗达邮轮旗下共有26艘邮轮服役。2023年11月至2024年5月，歌诗达邮轮计划向南美部署3艘船，分别是"歌诗达钻石皇冠"号、"歌诗达辉宏"号和"歌诗达迷人"号。

新船"歌诗达托斯卡纳"号（Costa Toscana）已于2022年3月5日顺利启航。以"智慧之城"为设计理念的"歌诗达托斯卡纳"号秉持循环经济的概念，致力于减少颗粒物、氮氧化物和二氧化碳排放，进而实现硫氧化物零排放。邮轮上的所有家具、灯饰、面料和配件都源于意大利设计师的匠心制作。不仅如此，船上还有很多有意大利本土特色的酒吧、餐厅和娱乐项目。在邮轮上，顾客可以沉浸式地感受意式风情。

2. 歌诗达邮轮特色

歌诗达邮轮被称为"海上的意大利"，无论是外观还是内部装潢，都弥漫着意大利式的浪漫气息，尤其在蔚蓝的欧洲海域，歌诗达邮轮以艳黄明亮色调的烟囱，搭配象征企业识别标志的英文字母C，航行所到之处吸引了人们惊艳的目光。邮轮上的艺术品倾注了数百万美元精心打造，包括雕塑、绘画、壁饰、壁挂和工匠手制家具。

来自各国美食的灵感与意大利经典撞击，世界美食的大门就此为顾客打开，从精致经典到热情豪放、从清新爽口到热辣浓烈，特色餐厅的大厨精心烹制每一道餐点，星级水准的口味与摆盘让眼睛和味蕾来一场豪华的环球旅行。

原汁原味的意式娱乐体验全情奉上，享誉世界的意大利歌剧、威尼斯狂欢节、歌舞杂技表演，从意大利直送而来。日出日落，精彩不停，美妙时光，为顾客开启。

（1）美食

知名大厨极致烹调，免费奉上，肉质肥厚的三文鱼、入口即化的帕尔马火腿、鲜嫩多汁的精选牛排、芝香四溢的龙虾大餐，搭配意大利空运而来的起泡酒和葡萄酒，并以用料十足的手工提拉米苏作完美收尾，这是歌诗达邮轮船长晚宴的最佳推荐。

（2）歌舞娱乐

炫目的魔术表演、美妙歌声和绚丽华服组成的歌舞秀、魔幻灯光变化的动感视觉表演、全程爆笑的滑稽戏、感人而欢乐的歌诗达员工秀，各式表演丰富你的旅途，为旅行增添一抹色彩。

（3）威尼斯狂欢节

歌诗达邮轮将世界上历史最悠久、规模最大的狂欢节之一威尼斯狂欢节完美复刻，游客可以穿上雍容华服、戴上精美面具，走进海上威尼斯，宛若来到狂欢现场。

（4）儿童娱乐项目

离开爸妈的怀抱，做自己的小主人，与同龄的小伙伴们一起来一场海上探险！为小乘客而设的思高俱乐部，让家长和孩子各自拥有自由、欢乐的空间。

（5）客房与套房

舒适精致的空间，星级酒店的服务，一应俱全的配套服务让每一间"海上梦乡"

模块二
国际邮轮概况及船舶基本知识

变成乘客旅途中的家。迎着海上日出苏醒，伴着温柔海浪入眠，歌诗达邮轮的舱房提供的不仅仅是休憩的空间，更是一种面朝大海的生活理念。奢华宽敞的私人活动空间，绝佳的房间功能分区，适合容纳一家人；贴心的私人管家服务，供应免费香槟与每日水果，可以使游客感受到专属的极致。

面试必备英文

The Costa Crociere Group is the only Italian company in the sector to fly the Italian flag. It is Italy's biggest tour operator. With 26 ships in service for an overall capacity of around 76,000 guests, the Group is headquartered in Genoa and operates at global level. For 70 years Costa Crociere has embodied Italian style and hospitality. Costa Crociere introduces guests to the world's most stunning places, giving them the chance to explore different destinations and discover the different cultures in the five continents with complete respect for their identities.

Key words
Costa Crociere 歌诗达邮轮
global level 全球水平
Italian style and hospitality 意大利风格和好客

Related questions
What do you know about Costa Crociere?

三、皇家加勒比邮轮

1. 皇家加勒比邮轮介绍

（1）发展历程

美国皇家加勒比邮轮有限公司（Royal Caribbean Cruises Ltd.）是世界第二大邮轮公司，公司成立于1969年，总部位于美国迈阿密。公司的创始人是阿恩·威廉森和埃德温·史蒂芬。公司在1970年投入了第一艘邮轮"挪威歌曲"号。

1997皇家加勒比国际邮轮公司收购了精致邮轮公司，把精致邮轮公司（2019年更名为名人邮轮公司）作为该公司旗下的品牌。

2015—2016年皇家加勒比邮轮将全新制造、科技含量极高的邮轮"海洋量子"号、"海洋赞礼"号引入中国，将中国邮轮市场推入"新船时代"。

2017年，皇家加勒比开始设计和建造"超量子系列"邮轮，该邮轮于2019年下水和部署中国市场。

2022年2月，世界最大豪华邮轮"海洋奇迹"号正式交付。当地时间2022年3月4日，该船在美国佛罗里达州罗德岱堡首航。

皇家加勒比国际邮轮连续十五年在《旅行周刊》读者投票中蝉联"最佳邮轮公司"大奖。

（2）船队介绍

皇家加勒比旗下有 26 艘国际邮轮，2000 余条国际航线，其中"海洋量子"号、"海洋光谱"号、"海洋航行者"号因为服务于中国市场而被大家所了解，除此之外，加上 2022 年刚服役的"海洋奇迹"号，目前世界上最大的 10 艘邮轮中有 7 艘属于皇家加勒比船队。

2023 年秋季，首艘液化天然气动力邮轮——"海洋标志"号（Icon of the Seas）启航。这艘绿色邮轮的诞生意味着清洁能源邮轮将进入一个全新的时代，引领环保的新风向。

2024 年，皇家加勒比国际邮轮旗下绿洲系列第六艘邮轮——"海洋乌托邦"号（Utopia of the Seas）将交付下水，正式启航。这将成为绿洲系列首艘液化天然气动力邮轮，也是皇家加勒比旗下的第二艘液化天然气动力邮轮。

2. 皇家加勒比邮轮特色

皇家加勒比邮轮餐厅、酒吧、健身中心、免税商店、网吧、图书馆、儿童娱乐场以及室内和户外游泳池一应俱全，还有一系列崭新且极具吸引力的设施，如高出海平面的标志性攀岩墙、迷你高尔夫练习球场等。除此以外，绿洲系列开创了诸多行业先河，成为邮轮建造史上的一大奇迹。如率先引入独特的七大主题社区理念，包括中央公园、欢乐城、皇家大道、泳池和运动世界、维特丽缇水疗和健身中心、娱乐世界及青少年世界，仿佛让宾客置身于一座移动的海上城邦中，随时随地都能解锁惊喜体验。量子系列邮轮是全球邮轮史上的又一次重大飞跃，更多"海上初体验"的娱乐革新被引入其中，例如跳伞体验将让游客在百米高空体验惊险刺激的空中之旅，海上最大的室内运动及娱乐综合性场馆则配备了碰碰车和旱冰场等设施。

（1）娱乐活动

在皇家加勒比国际邮轮上，永远不会感到无聊。白天可以挑战刺激的攀岩活动、在水世界里玩耍，或享受丛林主题的日光浴，还可以到运动场上打篮球、排球，或到溜冰场溜冰，也可以穿着直排滑轮鞋到慢跑道上玩一圈，甚至可以到 9 洞迷你高尔夫球场享受挥杆的乐趣。还有全新的跳伞体验，让无论是初次跳伞还是经验丰富的跳伞员都可在安全、可控和模拟的环境下享受到垂直降落的刺激和跳伞的快感。

（2）美食

皇家加勒比邮轮上的菜品齐全，不仅有法式、意式、美式、地中海、亚洲、复合式等美食，还有上海菜、粤菜、川菜、京菜、杭州菜等中国特色菜系。菜单每日更新，让顾客在海上短短几天尝遍世界各地的美食。

（3）科技

皇家加勒比邮轮以其先进的设施和时代性的创新受到顾客好评，例如南极球、北极星观景舱、高速网络服务 VOOM、海上多功能运动馆 AR 项目等。北极星观景舱的设计受到英国伦敦眼的启发，堪称工程学上的奇迹，它将游客送上 91m 高空，机械手臂可以 360° 环形旋转，配上玻璃舱的设计，仿佛翱翔在大海之上。

（4）歌舞表演

词、曲、景的完美结合，始终是百老汇歌舞剧令观众兴奋不已的重要特质。舞蹈家和歌手运用诙谐的表演手法，将桑德海姆的《西区故事》、艾林顿公爵的《世故女郎》等经典名剧搬上了舞台。演出迎合了喜爱怀旧经典和近现代歌剧的观众的口味，可以将美国的精美表演尽收眼底。

面试必备英文

Royal Caribbean International is known for driving innovation at the sea and has continuously redefined cruise vacationing since its launch in 1969. Each successive class of ships is an architectural marvel and pushes the envelope of what is possible on a cruise ship. Onboard, the global cruise line has debuted countless industry "firsts"—such as rock climbing, ice skating and surfing at sea—to capture the imagination of families and adventurous vacationers alike.

Royal Caribbean is known for delivering great family getaways designed to wow guests across multiple generations. Every ship in the Royal Caribbean fleet is packed with palate-pleasing dining options, incredible entertainment and unforgettable activities for all ages.

Key words
Royal Caribbean International 皇家加勒比国际邮轮
innovation 创新
architectural marvel 建筑奇迹

Related questions
Can you tell me what you know about RCI（Royal Caribbean International）？

四、地中海邮轮

1. 地中海邮轮介绍

（1）发展历程

地中海航运公司（Mediterranean Shipping Company，简称MSC）成立于1970年，其创始人家族阿庞特拥有三百多年的航运历史。地中海航运集团以集装箱航运起家，与邮轮业务结缘始于1988年。1995年，品牌正式更名为"地中海邮轮"，2003年起逐步建造开发自己的旗舰轮船。

2008年由于在环境保护、健康及安全方面的卓越标准，MSC地中海邮轮成为世界首家被授予"7金珍珠"殊荣的邮轮公司。

2014年地中海邮轮设立51亿欧元投资计划，订购多达7艘新船并开展"邮轮新生计划"，旨在拓展地中海邮轮船队。

2021 年，地中海邮轮船队迎来了"华彩"号（MSC Virtuosa）和"海际线"号（MSC Seashore）。2022 年年底，还有两艘新船入役，分别为"海逸"号（MSC Seascape）和"欧罗巴"号（MSC World Europa），"欧罗巴"号也是船队的首艘 LNG 动力邮轮。

（2）船队介绍

截至 2022 年，地中海邮轮有 19 艘邮轮正在服役。预计到 2025 年，该船队将增至 23 艘，到 2030 年，将新增 6 艘邮轮订单。地中海邮轮船队运力主要集中于东、西地中海地区，在该区域巡游的船有 11 艘，在北欧投入了 5 艘船，在北美和中东地区分别投入了 2 艘和 1 艘船。2021 年新入役的"华彩"号和"海际线"号分别部署在北欧地区和北美地区。目前在中东地区部署的一艘船为"荣耀"号，在东南亚等其他亚洲地区没有部署船只。

2. 地中海邮轮特色

地中海邮轮的标志是把 MSC 三个字母镶嵌在指南针图案中间，代表在 MSC 邮轮的世界里，顾客永远是中心。指南针本身象征着公司邮轮将驶向各个方向，从而达到公司的长远目标。船队在内外装饰设计的创新获得了德·乔里奥设计建筑设计奖。在船上，地中海邮轮提供融合地中海风味及世界各地佳肴的美食体验。地中海邮轮不断提升其高品质的奢华服务，开创性举措包括设立水疗美容中心——巴厘岛式按摩中心。MSC 邮轮独特的意大利风格使它与其他邮轮公司区别开：船上热情的招待、剧院装饰、设计、美食、气氛，都反映出公司"意大利制造"的理念，这也是 MSC 邮轮的特别之处。

（1）娱乐活动

邮轮上的演出是不能不看的，每一场都极具特点。歌舞表演为游客们提供视觉和心灵的盛宴，使他们在百老汇经典歌舞剧、拉斯维加斯大型歌舞秀与迷人的音乐中开启美妙的夜生活。25 位来自马戏团、歌剧团和音乐团的专业舞蹈演员每周表演 6 场，精彩超乎想象。

（2）美食

美食同样不能少，米其林大厨为顾客们打造纯正的欧式体验。此外，还有海中阁火锅餐厅、樱桃餐厅、美式牛排、铁板烧、寿司吧、海王餐厅等餐厅来满足顾客的需求。

（3）套房与客舱

从安静舒适的内舱室到配有私用阳台的宽敞套房，地中海邮轮提供一系列的选择来满足顾客不同的需求。

（4）运动健身

在室外，可以选择在户外网球场、排球场和篮球场上尽情享受运动的快感；可以选择在甲板跑道上边跑步边欣赏宜人海景。传统和新奇相结合的方式给健身爱好者带来愉快的体验。

面试必备英文

MSC（Mediterranean Shipping Company）is the world's third-largest cruise brand as well as the leader in Europe, South America, the Gulf region and Southern Africa, with more market share in addition to deployed capacity than any other player. Headquartered in Geneva, Switzerland, MSC is part of MSC Group, the leading privately held Swiss-based shipping and logistics conglomerate with over 300 years of maritime heritage. MSC employs over 30,000 staff globally and sells cruise holidays in many countries around the world.

Key words

MSC（Mediterranean Shipping Company）地中海邮轮公司

headquarter 总部；在……设总部

conglomerate 企业集团

Related questions

Where is MSC's headquarter?

五、维京游轮

1. 维京游轮介绍

（1）发展历程

1997年，来自挪威的托尔斯泰·哈根凭借4艘船在俄罗斯内河鸣笛首航，从此创立了维京游轮（Viking Cruises）。

2000年，公司收购了欧洲的KD河轮公司，获得了欧洲主要城市的优质停靠位，并进军美国，在加利福尼亚州洛杉矶设立了美国总部。

2008年，公司又分别进入了英国、澳大利亚和新西兰市场，并迅速发展成为全球化内河游轮的知名品牌。

2016年，维京游轮推出专为中国客人量身定制的欧洲内河游轮产品，日程安排涵盖经典的景点游览和维京专属的文化体验项目，令游客可深入探索目的地的独特魅力。

2020年，维京游轮全球船队拥有73艘内河游轮及6艘远洋邮轮的强大阵容和遍布世界的航线版图。

（2）船队介绍

目前全球船队有80余艘河轮、8艘海轮和2艘探险邮轮，业务覆盖全球多个市场。2022年1月，公司旗下首艘探险邮轮"维京南极座"号（Viking Octantis）顺利交付，作为两艘探险邮轮姐妹船中的一艘，前往南极洲和北美五大湖地区开启首航季。在 2022 年春季，维京内河游轮船队再添 8 艘维京长船，最新海轮"维京火星"号（Viking Mars）也正式加入维京海轮船队。维京也将正式推出专为湄公河、尼罗河和密西西比河航线定制的全新河轮。第二艘探险邮轮"维京北极星"号（Viking Polaris）和海轮新船"维京海王星"号（Viking Neptune）也陆续加入维京游轮全球船队。

2. 维京游轮特色

维京船队的所有远洋船舶上均供有一系列免费设施和服务，其中包括无线网络连接、啤酒、葡萄酒以及午餐和晚餐；每处港口至少一次岸上游览；一个斯堪的纳维亚风格的水疗中心，其中包括热水池、热水浴缸、桑拿室以及一个天花板缓缓飘落雪花的冷冻雪窟；健身房及自助洗衣房；备有介绍游轮目的地策划书籍的图书馆；24 小时客房服务；船上所有餐馆提供的膳食；船上各处提供的卡布奇诺、拿铁和其他浓缩咖啡饮品；室内电视电影和船上剧院提供的娱乐、电影和讲座；目的机场与该游轮之间的中转。所有游轮上的付费设施及服务包括水疗中心和沙龙服务；特色啤酒、葡萄酒和烈酒；额外的岸上游览。

（1）观景客房

所有客房均在船的两侧，都可观赏两岸景观，55% 的房型带有阳台。客房内提供带有中文标识的洗漱用品，棉质拖鞋、浴袍、热水壶、优选中国茶包，迷你吧免费使用，并配有瓶装水、软饮及方便面，多孔 USB 插座，全中文电视系统，可收看 CCTV 和点播电影。

（2）匈牙利歌舞表演

匈牙利布达佩斯是多瑙河航线重要的目的地之一，维京游轮特地邀请了当地艺术家上船，带来精彩的匈牙利歌舞表演，呈现一个不一样的布达佩斯之夜。当身着民俗服装的舞者随着音乐伴奏翩翩起舞，游客会感受到独特的炽烈情感。舞者们还会与观众们互动并引发全场欢声笑语，庄严典雅的流畅舞姿与情感充沛的音乐，无一不展示着布达佩斯热情洋溢的异国风情。

（3）德语小课堂

在维京游轮的旅程中，许多目的地都将德语作为官方语言。而熟悉当地语言，是深入体验当地文化的理想形式。维京游轮特地为顾客准备了德语小课堂，在课程中学习到基础的德语发音和语法，获得新鲜有趣的语言知识之余，可以在旅途中和当地人交流，更贴近欧洲的生活。

（4）咖啡制作

咖啡文化是欧洲独有的生活方式之一，莱茵河的航线中特设"咖啡制作课程"。吕德斯海姆咖啡的制作过程十分简单，通过现场教学的方式，宾客们不仅能品尝到一杯地道的欧洲咖啡，还能把手艺带回家，分享给更多的家人朋友。

面试必备英文

> Viking Cruises offers cruising along the rivers of Europe, China, Southeast Asia and Egypt, with plans to expand into the United States of America along the Mississippi River in 2022.The company has three divisions, Viking River Cruises, Viking Ocean Cruises and Viking Expeditions. As of February 2020, it operates a fleet of 76 river vessels and six ocean ships, offering cruises along the rivers and oceans of North and South America, the Caribbean, Europe, Egypt, China, and Southeast Asia.
>
> **Key words**
> Viking Cruises 维京游轮
> division 部门，部分
> vessel 大船
>
> **Related questions**
> Can you tell me any information about Viking Cruises?

六、迪士尼邮轮

1. 迪士尼邮轮介绍

（1）发展历程

迪士尼邮轮是隶属于迪士尼集团的邮轮公司，1994年迪士尼集团依靠丰富的酒店、主题乐园管理经验进军蓬勃发展中的邮轮产业。1998年7月30日，迪士尼邮轮（Disney Cruise Line，简称DCL）正式宣告成立。

迪士尼"魔力"号（Disney Magic）于1998年7月30日首航。迪士尼"奇迹"号（Disney Wonder）是迪士尼海上巡游线（Disney Cruise Line）的第二艘邮轮，于1999年8月15日首航。

2007年，迪士尼宣布由德国迈尔船厂建造两艘新的邮轮——迪士尼"梦想"号（Disney Dream）和迪士尼"幻想"号（Disney Fantasy）。

2022年7月，迪士尼迎来一艘新船——迪士尼"愿望"号（Disney Wish），"愿望"号吨位达到了14.4万吨，是有史以来最大的迪士尼邮轮，首航时间为2022年7月22日。

（2）船队介绍

迪士尼邮轮公司现役的五艘邮轮分别是"幻想"号、"梦想"号、"奇迹"号、"魔力"号和"愿望"号，其中"魔力"号和"奇迹"号建于意大利，两艘船在吨位、载客量等方面相近，"幻想号"和"梦想号"由德国建造，就总体而言，这两艘船比前两艘大40%左右，载客量多1000多人。最新下水开始运营的"愿望号"是迪士尼邮轮目前最大的船，总吨超过14万吨，载客量有4000人。

2. 迪士尼邮轮特色

迪士尼邮轮上有米奇和他的好朋友，是孩子们的天堂。迪士尼邮轮船身的设计灵感也来自于迪士尼的标志性形象——米奇。黑色的底部船身以金色线条缀边，上层结构以白色为主，两个红色烟囱上涂有白色米奇头像作为标志。美国海岸警卫队甚至特别允许迪士尼邮轮可以将救生艇改为黄色以保持与船体主题更加一致，而不是国际惯例式的醒目橙色。

（1）儿童服务

如果是带孩子乘坐迪士尼邮轮，又想享受二人世界，五艘迪士尼邮轮上都提供儿童托管服务。每个登记的孩子都佩带含有 GPS 的迪士尼徽章手环，以便工作人员知道儿童的活动区域，可以轻松找到他们。邮轮还为 3—10 岁的孩子提供了体验电脑小游戏、化妆、主题活动和实验等项目；为 11—14 岁的大孩子提供了互动游戏的空间；为 14 岁以上的青少年提供电视、音乐、网络和各种社交活动。这些活动全程都是有专人看管的，完全不用担心孩子的安全问题。

（2）餐厅

在迪士尼邮轮上用餐是一种独特的体验。除了含有酒精的饮料和需要预约的餐厅，餐食都是包含在邮轮费用内的。每晚客人会被安排在不同的主题餐厅用餐，动画人物会走出来和客人一起合影游戏。

（3）客房特色

迪士尼的五艘邮轮上都有 4 种房型可以选择：无窗的内舱房、海景房、阳台房、套房。有些海景房和内舱房配有上拉式双层床，可容纳一家四口轻松入住。内舱房的性价比最高，内置一个有着新技术的小窗口，每到整点就会播放动画，每次的动画都不一样，乐趣满满。套房设施豪华，适合预算比较高或是人数较多的家庭选择。

（4）海上乐园

以米奇、米妮为主角，来一趟水上冒险之旅。整个滑水道长 232m，环绕整个顶层甲板上方，整个体验包括视频场景、特殊灯光、音效和"飞溅惊喜"。从登车开始，经过一段爬坡后到达一个魔法隧道，然后进入一个虚拟世界，一路会遇到好奇的海洋生物和受欢迎的迪士尼角色。

 面试必备英文

> Disney Cruise Line is a cruise line operation that is a subsidiary of The Walt Disney Company. The company was incorporated in 1996 as Magical Cruise Company Limited, through the first vessel, Disney Magic and is domiciled in London, England, with their operational headquarters located in Celebration, Florida.
>
> Disney Cruise Line currently operates five ships: Disney Magic, Disney Wonder, Disney Dream, Disney Fantasy and Disney Wish. Two ships will join the fleet in 2024 and 2025. The next one was announced to be named Disney Treasure.

> **Key words**
> Disney Cruise Line 迪士尼邮轮公司
> operate 运营
> treasure 宝藏
> **Related questions**
> How many ships does Disney Cruise Line operate currently?

七、诺唯真邮轮

1. 诺唯真邮轮介绍

（1）发展历程

挪威邮轮于2016年更名为诺唯真邮轮。诺唯真邮轮公司英文名称为Norwegian Cruise Line，简称NCL。诺唯真邮轮公司成立于1966年，公司创始人是挪威奥斯陆的克洛斯特斯·罗德瑞先生。

1979年NCL成为邮轮业中最大的邮轮公司。

1998年NCL开辟了针对亚洲的东方航线。

2000年3月，诺唯真邮轮公司被马来西亚的丽星邮轮收购。

2005年投入运行的"挪威精神"号提供10到11天的从纽约出发到南加勒比的航程。

2017年6月有着"海上头等舱"之称的诺唯真喜悦号在上海开启首航。

2022年NCL增添一名新成员"诺唯真领途"号（Norwegian Prima）。

（2）船队介绍

截止到2022年9月，诺唯真邮轮有18艘正在服役的邮轮，还有5艘处于预定中。舰队包括"诺唯真之梦"号、"诺唯真之王"号、"诺唯真之海"号、"诺唯真之风"号、"诺唯真太阳"号、"诺唯真之晨"号、"诺唯真之星"号、"挪威皇冠"号、"诺唯真之勇"号等。主要市场遍布北美、欧洲、南美和亚洲。

2. 诺唯真邮轮特色

诺唯真邮轮崇尚给顾客"自由"航行的体验。想象一下按照自己想要的方式巡航，除了顾客自己的时间表外，没有其他时间表可遵循。游客可以尽情享受美食盛宴，或者感受在晚餐中欣赏表演的美妙感觉。在岸上游览之前，可以在邮轮行业中一些最宽敞、最现代的客舱放松身心。

（1）卡丁车赛道

普莉玛赛道是有史以来最大，也是海上第一个三层卡丁车赛道，卡丁车的最高时速超过50千米。赛道长1378英尺（约420米），并设有14个急转弯，15名赛车手可同场竞技。还有一个观看平台，供家庭为赛车手加油并拍摄视频。

（2）奢华套房

诺唯真引以为傲的奢华套房"船中船"体验"诺唯真的天堂"共计107间套房，横跨8个甲板，附设专属电梯直达全部空间和套房。

（3）独创设计的泳池

邮轮两侧"更靠近大海"的无边泳池，将无敌海景尽收眼底。

（4）邮轮上的玻璃海景廊道

邮轮上也可以体验走在海面上的感觉，玻璃海景廊道成为网红打卡胜地。

面试必备英文

> Norwegian Cruise Line（NCL），also known in short as Norwegian, is an American cruise line founded in 1966, incorporated in Bermuda and headquartered in Miami. It is the third-largest cruise line in the world by passengers, controlling about 8.7% of the total worldwide share of the cruise market by passengers as of 2018. It is wholly owned by parent company Norwegian Cruise Line Holdings.
>
> As of September 2022, Norwegian Cruise Line operates 18 cruise ships, with five on order. All its ships are flagged to the Bahamas, except for the Pride of America, which operates cruises within the United States and is flagged and registered in the US, as well as being owned by a US-registered subsidiary, NCL America.
>
> Key words
>
> Norwegian Cruise Line 诺唯真邮轮
> cruise market 邮轮市场
> register 登记
>
> Related questions
>
> Can you tell me what you know about Norwegian Cruise Line?

第二节 其他邮轮品牌

现在世界上有300余艘邮轮，隶属于不同的邮轮公司，每一个邮轮品牌，甚至于每一艘邮轮都有自己不同的特色，了解不同邮轮的特点，对游客或者是应聘者而言都非常重要。

除了久负盛名的嘉年华、歌诗达、皇家加勒比、诺唯真邮轮等，世界各国还有很多著名邮轮品牌。

一、南极探险邮轮

南极探险邮轮（CMI Leisure）是一个极地探险的邮轮品牌，该邮轮公司不仅为游客提供一个高质量高性价比的极地探险体验，更是和游客一起创造一次终生难忘的旅程记忆。装备、设计、航线，所有的一切都是那么与众不同，吸引了来自整个世界各个角落的探险家和游客。目前，该品牌旗下共有九艘邮轮，绝大多数长度在100米左右，容客量主要在100～300人。

面试必备英文

> The ships served by CMI Leisure are anything but typical. They are intimate vessels built and uniquely outfitted to take a select group of adventurous travelers to the far corners of the world. At CMI Leisure, crews, chefs, technical teams, engineering experts, logistics professionals and shore-side personnel ensure a cruise experience that's every bit as phenomenal as the places these rare ships travel.

二、星瀚邮轮

星瀚邮轮（Celestyal Cruise）这一年轻的邮轮品牌于2014年9月成立，最新中文名为"星瀚邮轮"，来自古希腊神话中的航海史，希望领客人一同在浩瀚汪洋中畅游。

星瀚邮轮专注于希腊地区的深度游，主要航行于希腊几个小岛之间，近几年航线也涉及古巴、土耳其等地。该公司以其独具风格的邮轮服务和路线，让客人更深入地去体验当地的风土人情，增加邮轮旅游的体验与参与感。

面试必备英文

> Celestyal Cruises offer a unique combination of "must see" destinations. Apart from the established and well-known 7 days' itineraries, they are the only mainstream operator enabling travellers to see the best of the Eastern Mediterranean in just 3, 4 and 5 days' cruises. The short sailing time in between destinations means that you spend more time on what matters the most-authentic Greek destinations. With their Iconic Aegean Cruises, in just 1 day you can visit 2 different destinations, enabling their passengers to make the most of their cruise in a short period of time.

三、公主邮轮

公主邮轮（Princess Cruise）隶属于嘉年华集团，她的服务信条可以由C.R.U.I.S.E.这六个字母代表，分别为礼貌（Courtesy）、尊重（Respect）以及始终如一的卓越服务（Unfailing In Service Excellence），所以体验一次公主级的服务也成为众多女性游客的旅行目标。

面试必备英文

One of the best-known names in cruising, Princess Cruises first set sail in 1965 with a single ship cruising to Mexico. Today, the line has grown to become the third largest cruise line in the world, renowned for innovative ships, an array of onboard options, and an environment of exceptional customer service.

四、荷美邮轮

荷美邮轮（Holland America Line）公司最早是在鹿特丹成立的，现如今属于嘉年华邮轮公司，并以最佳的服务以及豪华的舱房和套房让其乘客信服。值得一提的是，荷美邮轮致力于为高端客户提供更高级别的服务，目标人群是年纪在 50—75 岁之间的银发族。

面试必备英文

Holland America Line is an American-owned cruise line, a subsidiary of Carnival Corporation & plc. headquartered in Seattle, Washington, United States. It was founded in Rotterdam, Netherlands, and from 1873 to 1989, it operated as a Dutch shipping line, a passenger line, a cargo line and a cruise line operating primarily between the Netherlands and North America. As part of the company's legacy, it was directly involved in the transport of many hundreds of thousands of emigrants from the Netherlands to North America.

五、精致游轮

精致游轮（Celebrity Cruises）成立于 1989 年，是皇家加勒比集团旗下更高级别的邮轮船队品牌。自 1989 年成立以来，精致游轮旨在提供精致奢华的邮轮服务，引领新的生活方式。精致游轮追求精益求精，在表现先进的技术成果和创新的同时，仍保留着与众不同的风格，在细枝末节处时刻关注游客的感受。正如精致游轮的广告语所说——让您享受明星般的待遇，精致游轮一直在履行着它对客人的承诺。

面试必备英文

Celebrity Cruises is a cruise line headquartered in Miami, Florida and a wholly owned subsidiary of Royal Caribbean Group. Celebrity Cruises was founded in 1988 by the Greece-based Chandris Group, and merged with Royal Caribbean Cruise Line in 1997. Celebrity's signature logo is an "X" displayed on the funnel of Celebrity ships, and is the Greek letter chi, for "Chandris".

六、冠达邮轮

久负盛名的远洋航行大师——冠达邮轮（Cunard Line），拥有逾180年的传奇航海经历，为宾客定义真正卓越的海上奢华邮轮体验。旗下远洋船队包括玛丽皇后2号、维多利亚女王号和伊丽莎白女王号，她们凭借无与伦比的白星服务、精致珍馐及世界级的娱乐表演而闻名于世。180多年以来，冠达邮轮一直都是远洋航行领域的先驱。如今，冠达邮轮作为全球唯一提供定期横跨大西洋航线的奢华邮轮品牌，依旧延续着其自1922年起开创的传统。

面试必备英文

Cunard is a British shipping and cruise line based at Carnival House at Southampton, England, operated by Carnival UK and owned by Carnival Corporation & plc. Since 2011, Cunard and its three ships have been registered in Hamilton, Bermuda. In 2017, Cunard announced a fourth ship would join its fleet. This was initially scheduled for 2022 but delayed until 2024. The ship has since been named Queen Anne.

七、维珍邮轮

维珍邮轮（Virgin Voyages）总裁兼CEO Tom McAlpin表示该邮轮的核心在于："确保邮轮空间拥有出众的设计风格，能体现我们想为顾客提供的丰富体验。我们的设计合作方与内部设计团队一起，打造了一个吸人眼球、又具有私密性的空间。"

意在"撼动邮轮行业"，这些邮轮的室内设计自然也采用"最高配置"——由数名效力于全球顶级酒店和餐厅的设计师操刀，如英国的设计研究工作室、纽约的罗曼和威廉姆斯行会、美国建筑设计公司（WorkAC）等设计公司。

面试必备英文

Virgin Voyages is a cruise line headquartered in Plantation, Florida and a joint venture between the Virgin Group and Bain Capital. As of April 2022, Virgin Voyages has two ships in the fleet, with two more on order, all with an expected capacity of approximately 2,700 passengers each. The first ship, Scarlet Lady, began sailing August 6,2021 from Portsmouth with UK only itineraries. Scarlet Lady began operating from Port Miami in October 2021, sailing mainly four-to-five night cruises in the Caribbean.

八、星旅远洋邮轮

星旅远洋国际邮轮有限公司由中国远洋海运集团和中国旅游集团共同出资设立，运营总部设在厦门。

作为中国本土第一家真正意义上的国资国际邮轮公司，星旅远洋邮轮依托中远海运集团和中国旅游集团两大股东的雄厚实力和行业优势，立足中国特色，打造民族邮轮品牌，旨在成为中国邮轮行业的领军者。星旅远洋邮轮将坚持"服务大众，创造快乐"的宗旨，通过贴心、舒适的服务，特色鲜明的差异化产品，为游客提供中西方文化完美融合的优质海上度假体验，打造国人喜爱的本土邮轮品牌。

九、招商维京游轮

招商局维京游轮有限公司由百年央企、世界500强企业招商局集团旗下招商蛇口联合荣膺多项国内外权威邮轮奖项的内河及海洋邮轮公司维京游轮（Viking Cruises, LTD）于2020年共同出资设立，致力于打造以服务中国高知客群为特色的中型奢华邮轮旅游产品，成为全球领先的高端邮轮运营商。

"招商伊敦"号是招商维京游轮旗下首艘邮轮。被誉为"五星雅奢欧洲设计海上移动酒店"。这艘北欧设计风格的邮轮，全部房型均为阳台海景房。同时，船上设有7大餐厅，囊括中式菜、法国菜、意大利菜、日韩料理、北欧风味等环球美食。在船上，游客可以欣赏超过400件艺术品，欣赏歌剧表演、听海上音乐会、看院线大片等。

十、爱达邮轮

爱达邮轮有限公司（Adora Cruises Limited），前身为中船嘉年华邮轮有限公司，是全球最大造船集团——中国船舶集团与全球最大邮轮集团——嘉年华集团于2018年在中国成立的合资公司。作为具备市场营销、商务运营、海事运营、酒店和产品管理、新造船管理等全运营能力的中国邮轮旗舰企业，爱达邮轮有限公司致力构建中国邮轮生态体系，推动中国邮轮经济的可持续发展，打造邮轮产业"中国标杆"。

爱达邮轮（Adora Cruises）是隶属于爱达邮轮有限公司的全新中国邮轮自主品牌，致力于打造真正受国人喜爱的高端邮轮度假体验。爱达邮轮旗下首艘国产大型邮轮——"爱达·魔都"号（Adora Magic City）于2023年底前交付使用。第二艘国产大型邮轮也已在上海外高桥造船有限公司开工建造。爱达邮轮旗下被誉为"艺术之船"的"地中海"号也将服务中国市场。

爱达邮轮聚焦特立独行的新生代、与时俱进的新老人、精致享乐的新中产家庭三大核心新消费群体。在航线体验方面，爱达邮轮将为游客提供国内和国际游等长、中、短结合的邮轮旅游航线。短途的周末游主要定位上班族、亲子家庭，中长航线的国内和国际游将提供更高品质的船上体验及岸上观光特色线路产品。此外，爱达邮轮还将推出"海上丝绸之路"航线。

专题二 国际邮轮面试岗位职责介绍

学习目标

▶ 知识目标
（1）了解邮轮的组织架构及各部门职责；
（2）了解邮轮各岗位职责和要求。

▶ 技能目标
（1）分析邮轮公司的发展策略和所提供的特色服务间的关系；
（2）掌握各岗位服务流程和服务细节；
（3）分析服务水平与邮轮公司业务发展之间的关系。

▶ 素质目标
（1）培养学生对邮轮各个岗位的兴趣和服务意识；
（2）树立邮轮服务职业自信，提升邮轮服务职业向往。

专题导入

和很多休闲旅游酒店一样，邮轮如同一个大的公司运作系统，不同的部门之间各司其职又相互协助，让乘客的邮轮体验更舒适更安全。请熟记本专题涉及的邮轮组织架构及岗位职责。

第一节 邮轮组织架构

邮轮通常分为海事部（Marine Department）和酒店部（Hotel Department）两大部门。其中酒店部是最大的部门，由餐饮部（Food and Beverage Department）、客房部（Housekeeping Department）、前厅部（Front Office Department）、娱乐部（Entertainment Department）、厨房部（Galley Department）、财务部（Finance Section）、人事部（Personnel Department）、采购部（Provision Department）等组成。

一、海事部（Marine Department）

海事部包括甲板部（Deck Department）和轮机部（Engine Department），船长（Captain）是整艘邮轮的总指挥。要成为一位船长，要有相关海事部门颁发的各种船舶适任证书，有多年的航行经验、扎实的计算机和电子设备技能，国际海事部门认可的航海大学毕业，以及一口流利的英语。除了船长，甲板部门还有副船长（Staff Captain）、大副（Chief Officer）、二副（Second Officer）、三副（Third

Officer)、保安主任(Chief Security)、保安人员(Security Guard)、安全经理(Safety Manager)、水手长(Bosun)等其他工作人员为日常的航行保驾护航。

二、酒店部(Hotel Department)

1. 餐饮部(Food and Beverage Department)

餐饮部(图2-1)负责所有的客厅、餐厅、酒吧、厨房的餐饮管理。由于直面客人,所以餐饮部是小费最多的部门。因为邮轮餐厅多、场地大、主题不同,所以餐饮部岗位多样,且人数众多,有餐饮部行政管理(Food and Beverage Administrator)、餐饮总监(Food and Beverage Director)、餐厅主管(Restaurant Supervisor)、餐厅服务员(Waiter/Waitress)、助理餐厅服务员(Assistant Waiter/Waitress)、自助餐服务员(Restaurant Attendant)、调酒师(Bartender)、酒吧服务员(Bar Server)等。

图2-1 邮轮上的餐饮

2. 客房部(Housekeeping Department)

相比于餐饮部,客房部(图2-2)的工作岗位和陆地上的酒店几乎一致,有行政主管(Housekeeper Supervisor)、客房服务员(Stateroom Attendant)、公共区域清洁员(Public Area Attendant)、洗衣房员工(Laundry Attendant)、干洗员(Dry Cleaner)、布草员(Linen Keeper)、裁缝(Tailor)、贴身管家(Butler)等。

图2-2 邮轮上的客房

3. 宾客关系部（Guest Relations Department）

与顾客的有效沟通是非常重要的，因此宾客关系部是维护邮轮和顾客关系的纽带，类似于酒店的前台工作，但是又不仅限于基础的咨询服务。岗位有宾客服务经理（Guest Services Manager）、顾客服务行政主管（Guest Administration Officer）、顾客关系总监（Guest Relations Director）、活动协调员（Event Coordinator）、前台经理（Front Desk Manager）、小组协调员（Group Coordinator）、打印员（Printer）等。

4. 娱乐部（Entertainment Department）

连续几日海上巡游，游客如果闷在房间一定会对这次邮轮旅行感到失望，因此，船上别开生面的各类演出活动会为整个旅程锦上添花，娱乐部（图2-3）成为邮轮上一个不可或缺的部门。为了应对不同需求的顾客，如喜欢运动的年轻人以及孩子们娱乐的项目，邮轮还有运动专员（Sports Staff）、儿童专员（Youth Staff）、娱乐专员（Cruise Staff）等。

图2-3　邮轮上的娱乐

第二节　岗位介绍和职责

在了解了邮轮组织架构和相关岗位之后，现在具体为大家介绍一些目前邮轮中需求量较大的岗位。我们以皇家加勒比邮轮为例，有娱乐部门中的娱乐部员工、儿童看护员、体育部员工等，餐饮部门的服务生助理、自助餐厅服务生、调酒师、酒吧服务生、厨师等，还有客房部门的公共区域清洁工、客房服务员等，以及市场部的导游和摄影师等。接下来，为大家提供一些面试中会遇到的关于岗位职责的英文介绍，帮助大家更好地了解岗位需求并且提高英语表达。

面试必备英文

1. Entertainment Department
- Youth Staff

The job requires that youth staff participates in embarkation procedures by disseminating information regarding the adventure ocean program, youth evacuation plan and directing and escorting guests to staterooms.

- Sport Staff

Sport staff leads and participates in a variety of sports deck and cruise director activities and duties such as climbing wall, flowrider（FR Class）, in-line skating, volleyball, basketball, golf course, ping pong, shuffle board.

- Shore Excursion Tour Guide

Shore excursion tour guide needs to promote, explain and sell shore excursion tours and package to gusts onboard the vessels by performing the following essential duties and responsibilities.

- Cruise Staff

Cruise staff makes a dramatic impact on each guest's cruise experience by conducting a variety of onboard activities for guests to enjoy. Activities range from trivia games and contests to themed parties and dance lessons.

2. Hotel Department

（1）Food and Beverage Department

- Waiter Assistant

Waiter assistant provides a friendly and professional service to the guests in the restaurant and buffet area, and assists the waiter in anticipating and fulfilling the guests needs.

- Buffet Steward

Buffet steward needs to clean tables, transporting back to the buffet galley soiled dishes, glassware and silverware and refilling coffee and complimentary non-alcoholic beverages.

- Bartender

Bartender mixes and serves alcoholic and nonalcoholic beverage to guests in various bars, lounges and service areas throughout the vessel by performing the following essential duties and responsibilities.

- Bar Server

The duties of the bar server are to provide the best possible service in the designated bar and lounge, and to exceed guest's expectations of service at all times and constantly goes above and beyond the call of duty to please guests.

- Commis

Commis is responsible for preparing and cooking high quality foods according to recipe standard. Primarily assist the station head and be capable for executing heavy production demand on a daily basis.

（2）Housekeeping Department

- Public Area Attendant

This position maintains all public areas, crew public areas, outer deck and all public restrooms, in a clean and orderly condition by performing essential duties and responsibilities described underneath.

- Stateroom Attendant

Some essential tasks of this team include cleaning carpets, upholstery, floors, walls, ceilings, draperies, windows and room accessories, sweeping, scrubbing and vacuuming.

（3）Front Office Department

- Receptionist

Responsible for passengers' check-in and checkout in the accommodation area, including settling accounts at the end of the cruise. Receptionists also handle passengers' complaints, lost luggage, room changes, currency exchange etc.

3. Marketing Department

- Shore Excursions

Shore excursions staff is responsible for the promotion, selling and dispatching of shore excursions offered in the various ports. Shore excursions staff is to resolve any passenger problems encountered and ensure fullest customer satisfaction.

- Photographer

The photographer is responsible for photographing daily events, including, but not limited to embarkation, gangways, dining rooms, portraits and any other events that may require a photographer to be present to document the event(s).

专题三　船舶基本知识和安全知识

学习目标

▶ 知识目标

（1）了解船舶上的方位及船舶术语；
（2）了解各邮轮公司的安全术语及安全码。

▶ 技能目标

（1）分析安全设备的重要性；
（2）分析各邮轮安全码的异同点；
（3）掌握紧急情况下的处置流程。

▶ 素质目标

（1）培养学生的安全意识和服务意识；
（2）培养自我认同感，提高对专业的认同度，增加专业热情。

专题导入

船上有很多突发情况，比如碰撞、着火、爆炸、搁浅、落水、劫持、倾斜、污染等。虽然发生概率很低，但是作为工作人员也应熟悉应对流程，保持良好心态，临危不乱。请熟记本专题涉及的船舶术语和安全知识。

第一节　船舶基本知识

邮轮，作为海上巨无霸，每一位新船员刚工作时可能都会遇到很多困难，不是分不清方向，就是找不到指定位置，还有可能听不清船员术语。因此，作为新船员，了解邮轮上的方位、场所和重要物品尤为重要。

一、船上的方位

船上的方位通常用船头（bow）、船尾（stern）、左舷（portside）、右舷（starboard side）来表示。

- 船头：船首，船的前部。
- 船尾：船的尾部，与船头相对。
- 左舷区：船的两侧称为舷。从船尾往前看，船的左侧称为左舷。
- 右舷区：从船尾向船头看，船的右边是右舷。

面试必备英文

> Bow is a nautical term that refers to the forward part of the ship. Also called "Forward".
> Stern is the rear or after most part of the ship. Also called "AFT" (after).
> Portside is the left side of the ship when facing forward.
> Starboard side is the right side of the ship when facing forward.

二、重要术语

除了船上的方位，船上还有很多基本的专用术语。

（1）驾驶台（Bridge）。又称"船桥"或"桥楼"。驾驶台位于船舶主甲板上面，安置操舵设备、车钟、雷达、罗经等航行设备，供驾驶员指挥、操纵船舶，是船舶的指挥控制中心。

（2）机舱集控室（Engine Control Room）。安置主机和重要辅机的集中控制、测量和监视设备及必要的通信设施的舱室。

（3）舷梯（Gangway）。舷梯是指装于船舶两舷供乘员上下船用的活动扶梯，用木材或金属制成，由上下平台、梯架、梯步、栏杆扶手和吊梯装置等组成。船航行时被吊起，折拢存放于甲板边，使用时放下悬挂于舷侧。舷梯装置一般用于客船及其他各类大、中型船舶。

（4）船舱（Cabin）。船舱是指甲板以下的各种空间，包括船首舱、船尾舱、货舱、机器舱和锅炉舱等。

（5）走廊（Corridor）（图2-4）。走廊指顾客通过的地方，或是房门打开直对的过道。

图2-4 邮轮走廊

（6）甲板（Deck）（图2-5）。甲板是船体的重要构件，是船舶结构中位于内底板以上的平面结构，用于封盖船内空间，并将其水平分隔成层。甲板是船梁上的钢板，将船体分隔成上、中、下层。

（7）船员餐厅（Crew Mess）。船员吃饭休息的地方。

图2-5　邮轮甲板

（8）船员酒吧（Crew Bar）。船员喝酒放松的地方。

（9）应急集合点（Emergency Station/Muster Station）。应急集合点是船员听到安全代码或通用紧急警报后集合的地方，也是紧急情况下乘客集合的地方。

（10）登船日（Sign-On）。员工登船日，还可以表示员工聘用、重新登船等时间。离船日（Sign-Off）。员工离船日，还可以表示员工合同终止、病假等时间。

（11）离岸假（Shore Leave）。员工离岸日。

（12）船员卡（Crew Card）。有员工信息的卡片，员工登船离船都要扫描员工卡。

面试必备英文

- Bridge means the ship's command center.
- Engine control room is where the ship's engine is monitored and controlled.
- Gangway is a narrow passageway for getting on and off a vessel at dockside.
- Cabin means the rooms in the ship where pax and crew stay. Pax refers to passenger, and crew means the employee of the ship.
- Corridor means any passageway in the ship.
- Deck is a permanent covering over a compartment or a hull of a ship.
- Crew mess is the place where crew eat on board the ship.
- Crew bar is the recreational area where crew socialize at night.
- Emergency station/muster station is a place where the crew assembles upon hearing the code words or the general emergency alarm. Muster station is a place where passengers assemble in case of an emergency.
- Sign-on: the day when the crew join the ship.
- Sign-off: the day when the crew leave the ship.
- Shore leave: the time when crew go ashore.
- Crew card is the identification pass used by crew for access when going ashore and coming back from shore leave.

第二节　船舶安全知识

一、船舶安全设备

邮轮在海上航行，周围都是茫茫大海，最常遇到的紧急情况有火灾（Fire）、爆炸（Explosion）和撞击（Collision），那邮轮的安全如何来保证呢？

首先我们要了解邮轮上的安全设施设备都有哪些。

1. 水密门（Watertight Door）和防火门（Fire Door）

船上有两个重要的门，一个防水一个防火。

水密门是邮轮重要的装置，它可以在邮轮进水时有效阻挡海水进入船体内部。

防火门是用来减少或防止火势或烟雾在船舶着火区域蔓延。

面试必备英文

> Watertight doors are doors which divides the ship's water-tight compartments from each other and are designed to prevent the spread of water in case of a flooding.
>
> Fire door is a door with a fire-resistance rating used as part of a passive fire protection system to reduce or prevent the spread of fire or smoke in the ship fire zones.

2. 消防储物柜（Fire Lockers）

在邮轮的各个地方都放置了包含消防栓、消防皮龙、灭火器和连接消防皮龙与消防栓的双门扳手的消防箱（图2-6）。

图2-6　消防箱

面试必备英文

> A fire locker contains a fire hydrant, a fire hose, coupling spanner (to connect the hose to the hydrant) and a fire extinguisher. They are located strategically throughout the ship.

3. 灭火器（Fire Extinguisher）

邮轮上通常会配备 4 种不同功能的灭火器。

第一类是干粉灭火器（Chemical Powder Extinguisher），适用于燃烧的液体、纤维材料和电器。

第二类是二氧化碳灭火器（CO_2 Extinguisher)（图 2-7），适用于电气火灾和液体燃烧。

第三类是泡沫灭火器（Foam Extinguisher），适用于燃烧液体和燃烧纤维材料。

第四类是清水灭火器（Water Extinguisher），适用于燃烧的纤维材料。切忌用来熄灭燃烧的液体或电气设备。

图 2-7　二氧化碳灭火器

面试必备英文

> Fire Extinguisher is an active fire protection device used to extinguish or control small fires. It is not intended for use on an out-of-control fire, such as one which has reached the ceiling, endangers the user (i.e., no escape route, smoke, explosion hazard, etc.), or otherwise requires the expertise of a fire department.

4. 紧急逃生呼吸装置（EEBD）

逃生呼吸器统称呼吸器、空气呼吸器，是用来防御缺氧环境或空气中有毒有害物质进入人体呼吸道的保护用具。

紧急逃生呼吸装置（图 2-8）装备一个能遮盖头部、颈部、肩部的防火焰头罩，头罩上有一个清晰、宽阔、明亮的观察视窗。

逃生型呼吸器可分为过滤式自救呼吸器和化学氧自救呼吸器。空气呼吸器的工作时间一般为 30~360 分钟，根据呼吸器型号的不同，防护时间的最高限值有所不同。

面试必备英文

> EEBD is short for emergency escape breathing device. EEBDs are located in small orange boxes at various locations throughout the ship. Wearing it prevents you from inhaling toxic smoke or gas when evacuating from a smoke-filled area.

图2-8　紧急逃生呼吸装置

5. 水雾喷淋系统（Fire Sprinkler System）

船上装有水雾喷淋系统（图2-9），当系统探测到火灾或者船舱内不正常升温后，水雾喷淋系统会自动对着火区域或者升温区启动，释放水雾来降温或灭火。邮轮的天花板上装有烟雾探测器（Smoke Detector），用于烟雾探测。

图2-9　水雾喷淋系统

除了上面的大型设施设备外，邮轮上还配备了救生圈（Lifebuoy）、救生衣（Lifejacket）、救生艇（Lifeboat）和充气救生筏（Inflatable Life Raft），在紧急情况下，可以用于乘客和船员的逃生。

纵观以上邮轮安全设施设备可以看出，在预防紧急情况方面邮轮公司做了充足的准备，将可预见的风险降到了最低。

面试必备英文

> A fire sprinkler system is an active fire protection method, consisting of a water supply system, providing adequate pressure and flowrate to a water distribution piping system, onto which fire sprinklers are connected.

二、船舶安全代码

1. 安全代码

邮轮上，常常会有一些奇奇怪怪的安全代码（Code Words），广播的时候经常让人摸不着头脑，仅凭字面意思，根本猜不到这代码暗号的含义。邮轮上船员的内部暗号到底有哪些呢？为什么需要这些内部代码呢？

安全代码的作用首先是提前通知所有船员，以便他们有时间执行紧急任务，其次是防止在乘客中产生恐慌的情绪。由于运营商、公司文化等的不同，不同的邮轮使用的代码也不尽相同。

名胜邮轮安全代码如下。
- 所有船员要在紧急集合区集合（Mr. Skylight to the Station）。
- 邮轮出现火灾（Mr. Redfox to the Station）：船员听到要快速到自己岗位待命。
- 邮轮出现紧急医疗事故（Mr. Bluebird to the Station）：医疗人员前往各自紧急集合地点待命。
- 有人落水（Mr. Mob to the Station）：救援团队前往紧急集合点待命。
- 邮轮发生漏油事故（Mr. Sopep to the Station）：处理泄油团队前往紧急集合点待命。

皇家加勒比邮轮安全代码如下。
- 邮轮发生火灾（Bravo, Bravo, Bravo）
- 紧急医疗事故（Alpha, Alpha, Alpha）
- 有人落水（Oscar, Oscar, Oscar）
- 邮轮安全受到威胁（Charlie, Charlie, Charlie）
- 邮轮在港口遇到紧急情况（Echo, Echo, Echo）

每艘邮轮都有自己的安全代码，邮轮公司员工在登船后才能完全了解到。除了安全代码，每一艘邮轮都有公共区域广播系统（Public Address System /P.A. System），用来发布通知和警报。

面试必备英文

> A code word is a word or a phrase designed to convey a predetermined meaning to an audience who know the phrase, while remaining inconspicuous to the uninitiated.

2. 救援警报

国际上通用的救援警报有两种，用警铃（Alarm Bells）和哨音（Whistle）来表示。

第一种是紧急警报（General Emergency Alarm），七短声一长声（Seven Short Followed by One Long Blast），提醒乘客和船员前往指定的集合站或紧急集合站。

第二种是弃船警报（Abandon Ship Alarm），一长声（One Long Blast），用来提醒船员立即前往指定的弃船站，并让乘客做好弃船准备。

只有熟悉了自己工作邮轮的内部代码和邮轮救援警报，才能在邮轮出现紧急情况的时候做好充足的准备，不慌乱，完美处理事故。

三、船舶其他安全信息

登船后，除了安全设施设备，我们还有哪些要注意的呢？每一位船员都需要进行船员安全演习（Safety Drill）来保持和提升自己的安全技能。

1. 安全演习

船员的安全演习可以分为常规演习（General Drill）、个人演习（Individual Drills）、特别演习（Additional/ Special Drill or Training）三种类型。

在安全演习时，一定要注意以下规则：
- 向上级报告出席（Report Attendance to Group Leader!）
- 准时参加（Be on Time!）
- 携带安全卡（Bring Your Safety Card!）
- 穿着得体的衣服（Proper Clothes!）
- 穿着合适的鞋（Proper Foot Wear!）
- 积极参加演习——团队合作（Attend Actively—Teamwork!）
- 不交头接耳（No Unnecessary Talking or Chit-chat!）
- 用英语交流（Speak English!）

在安全演习的规则中，安全卡片（Safety Card）必不可少，每一位船员在登船后都会收到一份属于自己的安全卡，这张卡上写明了船员的卡号（Safety Card No.）、紧急警报（General Emergency Alarm）、安全组名称（Safety Group Name）、集合点（Meeting & Assembly points）、紧急职责（Emergency Duties）、弃船位置（Abandon Ship Station）等。

安全日历是包含重要信息的日历，可帮助船员和顾客在船上找到安全的地点。顾客可以在日历中查找安全训练、安全引导、安全检查和个别紧急演习的时刻、安排时间表。

面试必备英文

> Safety notice boards are located on the crew areas like crew mess, crew alleyways and near the crew lifts, where the safety calendar, safety drills attendance list, safety information are posted.

2. 垃圾分类

和陆地上需要垃圾分类一样，邮轮上也需要垃圾分类，但是不同邮轮的垃圾分类并不完全相同。以皇家加勒比游轮为例，黄色的垃圾桶用来装食物残渣等湿垃圾，食品里面坚硬的东西除外；红色的用来装纸、塑料等干垃圾和食品里面坚硬的东西；蓝色的用来装铁制品和铝制品；灰色的用来装玻璃瓶子；白色的垃圾桶装的是碎盘子、瓷器等陶瓷制品。邮轮对于垃圾分类要求非常严格，学习垃圾分类是新船员的必修课之一。

模块三

国际邮轮岗位专业知识

专题一　西餐专业知识

📖 学习目标

▶ 知识目标

（1）了解西餐各岗位的服务职责；
（2）了解西餐餐具摆放、西餐服务流程和西餐酒水搭配的基本知识；
（3）了解西餐菜单的组成和西餐菜品的配料与成分。

▶ 技能目标

（1）分析西餐各岗位基本服务职责的区别；
（2）分析西餐摆台及西餐服务技能与中餐的区别；
（3）分析西餐菜单设计的特点。

▶ 思政目标

（1）拓展国际视野，培养中国自信；
（2）培养对西餐的热爱和一丝不苟的工匠精神。

🔄 专题导入

乘坐豪华邮轮出游，不仅可饱览蓝天碧海和沿途的风土人情，船上的美食也正越来越成为邮轮公司招揽客人的一项绝招。由于历史、地理、民族等多种因素，东西方的餐饮文化有很大区别，除了菜品、烹饪方式的区别，在餐具、用餐习惯上也有很大的差别。只有掌握了这些最基本的知识才能更好地为顾客提供舒适温馨的服务。请熟记本专题涉及的西餐服务的相关内容。

第一节　西餐概述

一、西餐厅介绍

1. 西餐简介

西餐是我国人民和其他部分东方国家和地区的人民对西方国家菜点的统称，广义上讲，也可以说是对西方餐饮文化的统称。我们所说的"西方"，习惯上是指欧洲国家和地区，以及由这些国家和地区为主要移民的北美洲、南美洲和大洋洲的广大区域，因此西餐主要指代的便是以上区域的餐饮文化。

实际上，西方各国的餐饮文化都有各自的特点，各个国家的菜式也都不尽相同，例如法国人会认为他们做的是法国菜,英国人则认为他们做的菜是英国菜。西方人自己并没有明确的"西餐"概念,这个概念是中国人和其他东方人的概念。

2. 西餐厅简介

西餐厅(图3-1)(Western Restaurant)与中式餐厅不同,注重异国情调,其餐厅氛围和装饰风格都以异国的风俗和就餐文化为主。西餐的饮食文化有其自身的特点和优势,通过环境营造,为顾客带来更丰富的就餐体验。

图3-1 西餐厅

以下简单介绍西餐厅的环境特点。

(1)布局合理,充分有序的空间利用

西餐厅相对于传统装修,空间设计灵活多变,追求高雅温馨的情调。根据空间面积的结构特点,可采用小厅、包房与公共餐区相结合的布局方式。考虑到空间的容载量,西餐厅一般会准备一些零散的卡座、散座等进行合理分区并及时补充座位,保持餐厅格局(图3-2)变化而有序,更高效地利用空间。

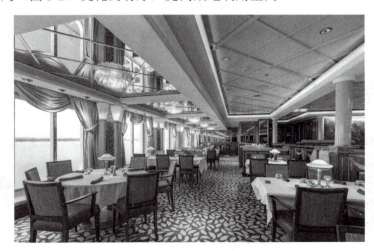

图3-2 餐厅格局

(2)装饰丰富,增添雅致和趣味

西餐厅虚实结合、动静一致的设计,提高了空间的通透性和浪漫感受。西餐厅多采用装饰墙面、屏风、布幔、格栅等元素以借景、对比手法来营造视觉和场景,巧妙地增添室内空间的雅致和趣味,提升了美感和风情。

（3）风格多样，提高文化气氛和品位

西餐厅的设计风格，可以分为仿古西餐厅、现代西餐厅、酒吧式西餐厅、室内庭院式西餐厅等。从餐厅主题风格来看，有动物主题、游乐场主题等，西餐厅的设计注重风格选择，从装修、布局、装饰、形象、元素、动作、语言等多个角度突出所选装修风格的调性和风貌，提高西餐厅的文化气氛和品位。

（4）灯饰美学，满足室内光影需求

灯饰照明的利用，是现代餐厅环境营造非常重要的核心部分。将整体与局部结合，利用光源特点、色温和造型差异制造光影效果，营造空间氛围。通过一些新颖有趣的造型灯饰（图3-3）使空间产生有趣的光影，既丰富了视觉效果，又增加了空间的立体感和层次感。

图3-3　餐厅造型灯饰

西餐厅的设计布局突出和谐优雅，色调给人亲切温暖的感受，注重餐厅环境质量，以人和环境的互融体验营造放松高雅的餐饮空间。

面试相关英语

Information About Caesar's on 3 at Pan Pacific Xiamen

Caesar's on 3 at Pan Pacific Xiamen offers sumptuous buffet spreads and a la carte dishes that feature the best flavours from all around the world. Watch chefs craft culinary masterpieces in the restaurant's open kitchen or enjoy a meal on the outdoor terrace, accompanied by views of the serene pool for a memorable dining experience.

Cuisine Type: International
Attire: Smart Casual
Seating Capacity: 180
Location: Level Three

> Opening Hours:
> Buffet -Breakfast: 6:30am to 10:30am
>   -Lunch: 11:30am to 2:30pm
>   -Dinner: 6:00pm to 9:30pm
> A la carte -Breakfast: 6:00am to 11:00am
>   -Lunch and Dinner: 11:00am to 12:00am

二、西餐厅岗位职责

邮轮越豪华，餐厅类型就越多，专业化分工就越细。餐饮部分为直接面对乘客的前台服务与间接面对乘客的后台服务。前台服务是在餐厅、酒吧等场所面对面地提供服务；后台服务是厨房、清洗、垃圾处理及管理部门所做的工作。餐饮部的岗位简介如下。

1. 西餐厅经理或业务主管岗位职责

餐厅经理（Manager）负责为乘客提供各式食物和饮品，并负责对餐厅收支进行核算；指导和监督餐厅日常经营，保证服务质量；巡视和检查营业区域，确保服务高效率；检查餐厅的物品、摆台和卫生状况；组织安排所有的工作人员，监督和制定服务排班表，选择新员工，培训员工，评估员工的业绩。

（1）执行饭店及餐厅的各项规章制度。建立良好的顾客关系，安排顾客预订的宴会和便餐，欢迎顾客，为顾客引座。需要时，向顾客介绍餐厅的产品。

（2）与厨房密切合作，共同提供优质的西餐菜肴，及时处理顾客的投诉。

（3）安排餐厅的预订业务，研究并统计菜单的销售情况，保管好每天的服务记录，编制餐厅服务程序。

（4）根据顾客预订及顾客人数制订出一周的工作计划。

（5）签发设备维修单，填写服务用品和餐具申请单，对员工的服务进行观察和记录，提出晋升、降职、辞退等建议。

2. 领班岗位职责

餐厅领班（Supervisor）应做服务员的表率，认真完成餐厅规定的各项服务工作。检查职工的仪表仪容，保证服务规范。

（1）保证所负责服务区域的服务质量，正确使用订单，按餐厅规定的标准布置餐厅和餐台。

（2）了解当日业务情况，根据需要向服务员详细安排当班工作。

（3）检查服务柜中的用品和调味品准备情况。

（4）开餐时，监督并亲自参加餐饮服务，与厨房协调，确保按时上菜。

（5）接受顾客投诉，并向餐厅经理汇报。

（6）为顾客点菜，推销餐厅的特色产品，亲自为重要顾客服务。

（7）下班前为下一班布置好餐台。

（8）核对账单，保证在客人签字之前账目无误。

（9）负责培训新职工与实习生。

3. 服务员岗位职责

服务员（Waiter/Waitress）的岗位职责如下：

（1）守时，有礼貌，服从领班的指挥。
（2）负责清洁餐具、服务用具和保持餐厅卫生。
（3）负责餐厅棉织品的送洗、点数、记录工作。负责餐桌摆台，保证餐具和玻璃器皿的清洁。负责装满调味盅、补充工作台餐具和服务用品。
（4）按餐厅规定的服务程序和标准为客人提供尽善尽美的服务。
（5）将使用过的餐具送到洗涤间分类摆放，及时补充应有的餐具并做好翻台工作。
（6）做好餐厅营业收尾工作。

4. 迎宾员岗位职责

迎宾员（Hostess）的岗位职责如下：

（1）接受顾客电话预定，安排餐台，保证提供顾客喜欢的餐台。
（2）欢迎顾客到本餐厅，为顾客引座、拉椅、打开餐巾。
（3）向顾客介绍菜肴、饮品和特色菜，吸引顾客来到餐厅就餐。
（4）顾客用餐后主动与顾客道别，征求顾客的意见，欢迎顾客再次光临。
（5）尽量用名字来称呼第二次用餐的顾客，以表示尊敬。
（6）记录顾客的订餐必须准确无误。

面试相关英语

The responsibilty of waiter/waitress

Waiter/waitress is responsible for food and beverage service and sales in the restaurant.
- Recommending and suggesting food and drinks
- Selling food and drinks
- Taking food and drink orders
- Serving drinks and foods
- Setting tables
- Handling guests complaints

第二节　西餐服务

一、西餐摆台

1. 西餐餐具认知

不同于我们熟悉的中餐，筷子可以用来品尝一切非流体的食材，西餐的每一份餐食，根据食材、上菜顺序等不同，需要用到不同的餐具。了解西餐摆台，首先需要了解西餐的餐具及其英文表达。

西餐的餐具主要以金属制成的刀叉（Cutlery）和陶瓷制成的盛器（Crockery）为主。

金属刀叉，比如餐刀，就有主餐刀（Main Course Knife）、鱼刀（Fish Knife）、扒刀（Steak Knife）、面包黄油刀（Bread and Butter Knife）、水果刀（Fruit Knife）等；餐叉有主餐叉（Main Course Fork or Dinner Fork）、甜品叉（Dessert Fork）、沙拉叉（Salad Fork）等；餐勺有汤勺（Soup Spoon）、咖啡勺（Coffee Spoon）、茶匙（Teaspoon）等。

陶制餐具，常见的比如主菜碟（Main Course Plate）、早餐碟（Breakfast Plate）、面包黄油碟（Bread and Butter Plate）、咖啡套组（Coffee Unit）等。

除了金属制和瓷质的餐具，玻璃制成的杯子在西餐中也较为常见。西餐的酒杯（图3-4）大多数以盛装的酒来命名，因为不同酒的特质、饮用方式、酒精浓度不同，所以酒杯大小高低也不尽相同。西餐服务中的一大难点就是要选择对应的酒杯，比如，喝威士忌用威士忌杯、喝鸡尾酒用鸡尾酒杯、喝香槟用香槟杯等，这样才能表现出酒的最佳状态。

图3-4　西餐酒杯

除了以上餐具，我们会在餐桌上发现台心装饰物（Center Piece）。台心装饰物是放在桌子中央的物件，例如，它可以是一张卡片、一瓶花或一根简单的蜡烛。上菜时，台心装饰物将被移开并且餐具也要根据上菜的情况而改变。

面试相关英语

Different kinds of glasses

- Whiskey Jigger or Shot Glass is a very small glass with a capacity of 1.5 ounces.
- Highball Glass is a medium-tall, straight-sided glass holding between 5 and 8 ounces.

- Collins Glass is a tall, straight-sided, frosted glass holding about 10 to 12 ounces.
- Old Fashioned Glass is a low, squat glass holding about 6 ounces.
- Cocktail Glass is a 4 ounce, funnel-shaped, stemmed glass.
- Sour Glass is a 4 ounce, slender, tulip-shaped glass with a short stem.
- Brandy Glass is an 8 ounce, balloon-shaped glass with a short stem.
- Cordial Glass is a slender, stemmed, tulip-shaped glass holding about 1 ounce.

2. 西餐摆台标准

邮轮餐厅也同样需要进行精致的摆台（图3-5）。我们在不同的用餐时段，需要按照不同的标准进行摆台。在摆台之前需要对餐具拿取过程中的小细节做一些了解，如用餐巾擦拭餐具避免留下指纹、使用干净的无绒布餐巾擦拭餐具可以避免餐具上出现水痕等。取完餐具后，就开始正式摆台。

图3-5　西餐摆台

面试相关英语

1. Tips for taking flatware

（1）Hold flatware at the waist not the top, which will go into the guests' mouth.

（2）Use a cloth napkin or clean cloth when handling flatware to avoid getting fingerprints on it.

（3）Use a clean lint-free cloth napkin to wipe down wet flatware to prevent water marks.

（4）When resetting or replacing flatware at a table with guests present, carry the flatware in cloth pouch or folded envelope atop a salad plate, remove the flatware from the pouch and place it for the guests' use.

（5）Place pieces of flatware parallel to each other, and perpendicular to the edge of the table.

2.The processes of table setting（图 3-6）

图3-6　table setting

The different pieces of flatware should be positioned as follows:

（1）Spoons go on the right of the cover and the right of any knives, with the concave side up.

（2）Knives go on the right, with the cutting edge facing the center of the cover.

（3）Forks go on the left, with the tines facing up, with the exception of cocktail or oyster forks, which are placed at the extreme right of the cover beyond the teaspoons.

（4）Dinner knives and dinner forks are placed next to the plate and on the right and left side, respectively, and the rest of the pieces is then placed on the appropriate sides in order of use. Flatware used first is on the outside.

（5）Butter spreaders are placed across the top edge or on the right side of the B&B plate, with the handle either at right angles or parallel to the edge of the table. The cutting edge of the spreader is turned toward the butter plate.

（6）Ice tea spoons are placed on the right just before they are needed.

（7）Dessert spoons are placed on the right just before they are needed.

（8）Dessert knives are placed just before they are needed.

（9）Napkin place in the center of the place setting or to the left of the place setting.

（10）Normally there are 3 types of glasses setting on the table. The 3 main glasses are goblet（10 ½ oz）, tall wine（8 ½ oz）and tall wine（6 ½ oz）.

二、西餐服务指南和流程

1. 西餐服务指南

西餐服务的宗旨在于让顾客享受到精致的菜品、尽善尽美的服务和优雅浪漫的情调，以下的一些小技巧和指南能帮助餐厅服务员更好地为客人提供令人满意的服务。

为了使上菜流程恰当并令客人满意，服务员必须在服务客人之前确保已经完成上菜的相关工作。例如：餐桌已经摆好，所有的刀叉都已经就绪等。

对于餐桌摆台或食物摆放规则基本上没有严格的规定。但是，为了方便客人就餐，餐厅或酒店往往会遵循标准的摆台规则。

面试相关英语

The rules for placing the foods:
- Place the appetizer in the center of the table just before guests.
- Put the soup bowl directly in front of the guest.
- Set main course and entrees directly in front of the guests.
- Put salads in the left side and breads in the right side of the guest.
- Place serving flatware and beverage glassware on the right side of the dish.
- Set condiments in the center of the table.

为了更好地服务客人，关于上菜大多数餐厅都制定了一些基本规则，要求服务员必须遵守。

面试相关英语

The rules for serving the foods:
- It is customary to serve meal to women and old guests first.
- Start serving food with your left hand from the left side of your guests（but if you are standing at right side of the guest then use your right hand）.
- Serve food according to the standard category（ex-appetizer, main course and dessert）along with all necessary supplementary serviceware.
- Place beverages with the main course but serve when it is ordered by the guest. Also serve coffee and tea according to the guest's demand. Use your right hand and serve from the right side of the guest during serving beverage（do not pick up the cup or glass from the table to serve）.
- While serving dessert and beverage refill coffee or tea and other beverage glasses until the coffee pot or the water carafe or the wine bottle is completely emptied.
- Make sure that all accompaniments and serviceware are placed appropriately.

2. 西餐服务流程

西餐服务的工作流程分为六个部分：迎宾、点餐、上菜、席间服务、上甜点、结账并重新摆台。

（1）迎宾

当顾客进入餐厅时，迎宾员应面带微笑，真诚地问候顾客，为顾客留下好印象，体现餐厅的好客精神。

 面试相关英语

Welcoming guests

- Greet the guests immediately when they enter the restaurant.
- Have a sincere, friendly smile and welcome the guests. "Hi, welcome to [restaurant name]. How many in your party?"
- Seat the guests immediately when there is an open table.
- Stay within arm's length of the guest as you are seating them.
- Senior citizens or guests with walkers and canes should be seated up front, if possible.
- Tell the server the table number and how many guests.

（2）点餐

为顾客点菜是餐厅推销的好时刻。服务员应先问候顾客："您好，欢迎光临，请问您现在需要点菜吗？"当得到顾客的同意后，服务员从顾客的右边递上菜单。

同时，在介绍菜肴时应说明菜肴的制法、特点、配料与所需要的时间并复述一遍。在保证顾客没有听错和笔误后将点菜单的内容输入电脑。

 面试相关英语

Ordering food

- Server greets the table with a sincere smile within 2 minutes of seating.
- Server introduces himself/herself with server's first name.
- If you do not recognize the guest, ask them if they have been here before.
- Describe the features and specials (use details, such as how it is described on menu).
- Start with the drink orders and suggest a specific appetizer.

（3）上菜

西餐服务讲究礼貌礼节，讲究上菜顺序。西餐服务程序是先上开胃菜，然后上主菜，最后上甜点。上菜前先上酒水。先女士、后男士，先长者。热菜必须是热的，餐盘是热的；冷菜必须是凉爽的，餐盘是冷的。

面试相关英语

Serving Food

- Server immediately places the drink orders and appetizers into the POS system.
- Drink Orders delivered within 4 minutes to the guests.
- Server takes the guest order from left to right, and suggests add-on items to up-selling.
- Be attentive to children and senior citizens and be aware of allergens.
- Within 2 minutes enter all guest orders into the order system.
- For child, deliver the child's entree as soon as ready before adult entree, if possible.
- Deliver entrees to the guests within 15 minutes and observe plate presentation.
- Hot food hot and Cold food cold.

（4）席间服务

西餐用餐过程较长，在用餐中，服务员的席间服务也特别重要。餐厅服务员要时刻注意客人的就餐状态，随时随地为客人提供服务；勤斟酒水、茶水，勤换骨碟、勤清理桌面。

酒水服务是西餐服务的重要组成部分。在咖啡厅，酒水服务由餐厅服务员负责。在扒房，酒水服务由专职酒水服务员负责。通常，服务员在顾客的右边为顾客斟倒酒水，先女士，后男士，围绕餐桌并顺着顺时针方向服务。

 面试相关英语

Checking back and refill

- Check back after 2 bites to ensure everything is okay.
- Automatic refills when glasses are half full.
- Remove dirty dishes immediately.
- Be attentive to guests.

Wine service

- Present wine to the host.
- Allow host to sample by pouring a small amount of wine in their glass.
- Assuming wine is approved serve ladies, gentlemen then the host is served last.
- Pour approximately 1/2 glass.
- Place red wine in front of the host and white wine in wine bucket.

（5）上甜点

西餐的甜品是主菜后食用，从真正意义上讲，它包括所有主菜后的食物，如布丁、煎饼、冰激凌、奶酪、水果等。

 面试相关英语

> **Desserts and Check down**
>
> - Show dessert tray or suggest desserts within 3 bites of guests finishing the entrees.
> - Suggest coffee or milk.
> - If no desserts are ordered, drop off the check with the check presenter standing up (When ready to pay, the guest will place the presenter flat on the table).
> - If desserts are ordered, serve desserts within 7 minutes of the order.
> - Check back within 2 bites and drop off the check, with the check presenter standing up.

（6）结账并重新摆台

一个完美的西餐服务，不仅应有良好的开端、专业化的服务规范，而且应有完美的结束服务。当顾客将要结束用餐时，服务员应认真为顾客结账，要求迅速并准确。当顾客准备离开餐厅时，服务员应帮助顾客拉椅，感谢顾客的光临。顾客离开后收拾桌子并重新摆台。

 面试相关英语

> **Check and Reset**
>
> - Receive payments and process credit cards and close the check out immediately.
> - Thank the guest with a warm sincere smile and invite them back.
> - Immediately after the guest leaves clean the table per standards.
> - Wipe chairs, booths, high chairs and booster seats and clean floors.
> - Fill any condiments as needed, including napkins.
> - Reset the table before the next seating.

3. 西餐的上菜流程

（1）西餐上菜方式

西餐上菜服务方式有法式、俄式、英式、美式、意式等，各种服务方式既有相同的地方，也可根据不同的礼仪习俗有所不同。西餐上菜次序是先宾后主，先女后男。

（2）西餐上菜顺序

西餐菜单分为四或五大类，分别是开胃菜（Appetizers）、汤（Soups）、沙拉（Salads）、海鲜（Seafood）或肉类（Meat）、点心（Desserts）等。应先决定主菜。主菜如果是鱼，开胃菜就选肉类，在口味上就比较有变化。除了食量特别大的客人以外，其实不必从菜单上的单品菜内配出全餐，只要开胃菜和主菜各一道，再加一份甜点就够了。可以不要汤，或者省去开胃菜，这也是很理想的组合。

正式的全套餐点上菜顺序是开胃盘（Appetizer）、汤（Soup）、副菜（Side Dishes）、主菜（Main Course）、蔬菜类菜肴（Vegetable Dishes）、甜品（Dessert）、咖啡或茶（Coffee or tea）。

面试相关英语

Sequence of Food Service

1. Appetizer

The first course of Western food is the starters also known as appetizer. The contents of appetizers are generally divided into cold dish and hot dish. The common varieties are caviar, foie gras, smoked salmon, cocktail cup, cream crispy chicken, baked snail, etc. Since its purpose is to whet one's appetite, so appetizers generally have a special flavor, mainly salty and sour at less quantity but high quality.

2. Soup

Unlike Chinese food, the second course of Western food is soup. Western soup can be roughly divided into clear and thick soups. There are oxtail clear soup, all kinds of cream soup, seafood soup, American clam soup, Italian vegetable soup, Russian borscht, French onion soup, etc. There are fewer varieties of cold soup, such as German cold soup and Russian cold soup.

3. Side dishes

Fish dishes are generally regarded as the third course of Western food, also known as side dishes. Species include all kinds of freshwater fish, marine fish, shellfish and molluscs. Usually aquatic dishes and eggs, bread, crisp dishes are called side dishes. Because the fish meat is tender and easy to digest, it is served before meat dishes, and the name is also different from the main course of meat dishes. Western fish dishes always go along with special sauces, including tartar sauce, Hollandaise sauce, Beurre Blanc（white butter sauce）, American sauce and sailor sauce.

4. Main course

Meat and poultry dishes are the fourth course of Western food, also known as the main course. Meat dishes are made from beef, sheep, pigs, calf and other parts of the meat, the most common of which is beef or steak. Steaks can be divided into sirloin steaks（also known as sirloin steaks）, filet steaks, "t" bone steaks, thin steaks and so on. Its cooking method commonly used roast, fry, grill and so on. The sauces used in meat dishes mainly include Spanish sauce, thick sauce, mushroom sauce, Bernaise sauce, etc.

Poultry dishes are made from chicken, duck and goose. Game such as rabbit and venison are also classified as poultry dishes. Chicken is the largest variety of poultry dishes, including pheasant, Turkey, bamboo chicken, which can be boiled, fried, roasted and stewed. The main sauces are yellow meat sauce, curry sauce, cream sauce, etc.

5. Vegetable dishes

Vegetable dishes can be arranged after meat dishes, and can also be served at the same time with meat dishes, so it can be regarded as a dish, or a side dish. Vegetables are called salads in Western food. Salad served with main course is called raw vegetable salad, which is usually made of lettuce, tomato, cucumber and asparagus. The main sauces of salad are vinegar sauce, French sauce, thousand island sauce, cheese salad sauce, etc.

In addition to vegetables, there is another kind of salad which is made of fish, meat and eggs. This kind of salad generally does not have any sauce and can be served first as appetizer.

Here are also some cooked vegetables, such as broccoli, boiled spinach and chips. Cooked vegetables are usually placed on the plate together with the meat dishes of the main course and become the side dishes.

6. Dessert

The dessert of Western food is served after the main dish, which can be regarded as the sixth course. In real sense, it includes all the food after the main dish, such as pudding, pancakes, ice cream, cheese, fruit, etc.

7. Coffee or Tea

The last course of Western food is to serve drinks, coffee or tea. Drink coffee usually with sugar and cream. Tea is usually flavored with peach slices and sugar. To cap off the meal, some snacks like cookies are served.

（3）西餐上菜要求

① 上菜前必须仔细核对点菜单，按序上菜，不可颠倒次序。

② 先斟酒后上菜。任何一道需配饮酒类的菜品，在上菜前均应先斟酒后上菜。

③ 上菜顺序，所有菜品上桌时均需遵循"先女后男、先宾后主"的顺序依次进行。上菜一般用右手从客人右侧进行。

④ 上菜时报菜名，并告诉客人："请您慢用"，上菜完后不要立即离开，看看客人是否有其他吩咐。

⑤ 等所有的客人用完头盘后，一并撤下，再依次上汤或主菜。

⑥ 客人所点的菜要注意是否配有调味品或是否有特殊要求，如果有，及时为客人提供相应的服务。

⑦ 先撤后上，每道菜用毕均需撤走用过的餐具后再上菜，但撤盘前需征得客人许可，还应注意客人刀、叉的摆放。

⑧ 上菜时报菜名。上甜品前将主菜的餐具及盐、胡椒瓶、玻璃杯等撤去。甜点用毕，从客人的右侧送上咖啡、茶，咖啡杯、茶杯放在茶垫上，碟内放一把咖啡匙，并上糖、奶。上菜完后不要立即离开，看看客人是否有其他吩咐。

（4）分菜服务

① 分菜的工具（Tools for Food Dividing）

西餐中的美式服务不要求服务员掌握分菜技术，英式要求服务员熟练地掌握夹菜的技巧，俄式服务要求服务员有较高的分菜技术，法式服务要求服务员有分切技术。

俄式服务的分菜工具：叉和勺，通常以不锈钢材为主。

法式服务的分切工具：服务车、分割切板、刀、叉、分调味汁的叉和勺。

② 西餐分菜餐具的使用方法（Usage of Tools for Food Dividing）

俄式分菜用具的使用方法：一般是匙在下，叉在上。右手的中指、无名指和小指夹持，拇指和食指控制叉，五指并拢，完美配合。这是俄式服务最基本的技巧。

法式切分工具的使用方法：分让主料时将要切分的菜肴取放到分割切板上，再将切板放在餐车上，分切时左手拿叉压住菜肴的一侧，右手用刀切分。分让配料、配汁时用叉勺分让，勺心向上，叉的底部向勺心，即叉勺扣放。

③ 基本要求（Basic Requirements）

将菜点向客人展示并介绍名称和特色后方可分让。大型宴会每一桌服务人员的派菜方法应一致。

● 留意菜的质量和有无异物，及时更换不合标准的菜。客人表示不要此菜则不必勉强。将有骨头的菜肴等的大骨头剔除。

● 分菜时要胆大心细，掌握好菜的份数与总量，做到分派均匀。

● 凡配有作料的菜，在分派时要先蘸（夹）上作料再分到餐碟里。

● 在分汤后为客人换一条新毛巾，分菜的托盘既要美观又要干净，不要将菜汁滴落在盘边。

④ 分菜方式（Ways of Food Dividing）

西餐实行分食制，有的在厨房由工作人员分好，餐厅服务员只需托送上桌，有的直接在餐桌上进行上菜和分菜服务。但因欧美各国习俗不同，西餐上菜与分菜的服务方式也有差异，故有法式、英式、美式、俄式之分。其中美式服务速度快，有利于服务员为众多客人提供服务，是餐饮业中十分流行的一种服务方式。

（5）注意事项（Notes）

● 分菜时，要掌握其数量，分派均匀；特别是主菜，必须分派得与座位数一样；最先分派的与最后分派的分量一样。

● 分派菜肴切勿将同一勺、同一叉的菜肴分派给两个来宾，更不能从已分派的多的盘（或碗）中分给分派的少的。

● 分派菜肴的动作要轻快，手法要卫生，还应注意不要将一盘菜肴全部分光，盆内宜剩 1/10 左右，以示菜的宽裕和以备来宾添菜。

● 分菜时要注意将菜肴的美味部位分给主宾。

三、酒水搭配

西餐酒水搭配（Wine and Food Matching），按饮用时间分为以下几类：

1. 餐前酒（Aperitifs）

又称开胃酒，一般为又浓又香、能刺激胃口的威士忌（Whisky）、杜松子酒（Gin）、伏特加（Vodka）、雪利酒（Sherry）、朗姆酒（Rum）等系列，鸡尾酒也是理想的开胃酒。

2. 餐中酒（During the Meal）

西餐餐中酒多选择葡萄酒，"红酒配红肉，白酒配白肉"。色、香、味淡雅的酒品应与色调冷、香气雅、口味纯、较为清淡的菜肴搭配,如头盘鱼、海鲜类应配以冰冻后的白葡萄酒;香味浓郁的酒应与色调暖、香气浓、口味杂、较难消化的菜肴搭配;咸食选用干、酸型酒类;甜食选用甜型酒类;在难以确定时,则选用中性酒类。

按菜品分类又可以分为:
(1) 食生蚝或其他贝类时,饮无甜味的白葡萄酒。
(2) 喝汤时,配颜色较深的雪利酒或玛德拉酒(Madera)。
(3) 吃鱼时,可配任何白葡萄酒,但以不过甜为宜。
(4) 吃肉类时配红葡萄酒。
(5) 吃干酪时,配带甜味的红葡萄酒。
(6) 吃核桃等坚果时,配浓度较强的强力酒,如玛德拉酒。

3. 餐后酒(Digestifs)

餐后一般选择浓、香、烈的酒,常见的餐后酒(图3-7)有白兰地(Brandy)、香槟酒(Champagne)或利口酒(Liqueur)。

图3-7 餐后酒

第三节 西餐菜单

一、菜单的种类与特点

餐厅吃饭,大家都会从菜单上了解餐厅的餐点和特色,邮轮上的餐厅也是如此,不管是免费的还是收费的,都有自己的菜单。最初菜单只是食品的清单(A Lists of Food),渐渐开始演变成对食品和烹饪方式的介绍。菜单大致可从以下几个方面进行分类。

1. 根据顾客购买方式分类

(1) 零点菜单(A La Carte Menu)。零点菜单是西餐经营最基本的菜单。零点的含义是,根据菜肴品种,以单个计价。因此,从零点菜单上顾客可根据自己的需要逐个点菜,组成自己完整的一餐。零点菜单上的菜肴是单独计价的,菜单上的产品排列以人们进餐的习惯和顺序为基础。零点菜单通常由头盘、汤、沙拉、主菜、甜品、咖啡或茶这些部分组成,而正规的西餐也是按照这样的顺序上菜。

（2）套餐菜单（Table D'hote Menu）。套餐是根据顾客的需求，将各种不同的营养成分、食品原料、制作方法、菜式、颜色、质地、味道及价格的菜肴合理地搭配在一起，设计成不同的套餐菜单并制定出每套菜单的价格。每套菜单上的菜肴品种、数量、价格全是固定的，顾客只能购买一套固定的菜肴。套餐菜单的优点是节省了顾客的点菜时间，价格比零点菜单购买实惠。

（3）固定菜单（Static Menu）。许多西餐风味餐厅、咖啡厅和快餐厅都有自己的固定菜单。所谓固定菜单，顾名思义，是经常不变动的菜单。这种菜单上的菜肴都是餐厅的代表菜肴，是经过认真研制并在多年销售实践中总结出的优秀而又有特色的产品。这些菜肴深受顾客的欢迎且知名度很高。顾客到某一餐厅的主要目的就是为了购买这些有知名度的菜肴。因此，这些产品一定要相对稳定，不能经常变换。否则，会使顾客失望。

（4）周期循环式菜单（Cyclical Menu）。咖啡厅和西餐厅常有周期循环式菜单。所谓周期循环式菜单是一套完整的菜单，而不是一张菜单，这套菜单按照一定的时间循环使用。过了一个完整的周期，又开始新的周期。一套周期为一个月的套餐菜单应当有 31 张菜单以供 31 天的循环。这种菜单上的内容可以是部分不相同或全部不相同，厨房每天根据当天的菜单内容进行生产。这种菜单尤其在咖啡厅很流行。一些扒房的周期循环式菜单常包括 365 张菜单，每天使用一张，一年循环一次。周期循环式菜单的优点是满足顾客对特色菜肴的需求，使餐厅天天有新菜，但是给每日剩余的食品原料的处理带来一定的困难。

（5）宴会菜单（Banquet Menu）。宴会菜单是西餐厅推销产品的一种技术性菜单。通常宴会菜单体现西餐厅的经营特色，菜单上的菜肴都是比较有名的美味佳肴。同时，还根据不同的季节安排些时令菜肴。宴会菜单也经常根据宴请对象、宴请特点、宴请标准或宴请者的意见随时制定。此外，宴会菜单还可以推销企业库存的食品原料。根据宴会的形式，宴会菜单又可分为传统式宴会菜单、鸡尾酒会菜单和自助式宴会菜单。

（6）每日特菜菜单（Daily Special Menu）。每日特菜菜单是为了弥补固定菜单上的菜肴品种而设计。每日特菜菜单常在一张纸上设计几个有特色的菜肴。它的特点是强调菜单使用的时间，只限某一日使用。这种菜单的菜肴常带有季节性、民族性和地区性等特点。该菜单的功能是为了强调销售并及时推销新鲜的、季节的和新颖的菜肴，使顾客每天都能享用新的菜肴。

（7）其他菜单。许多餐厅紧跟市场需求，筹划了节日菜单（Holiday Menu）、部分选择式菜单（Partially Selective Menu）和儿童菜单（Children menu）等。节日菜单是根据地区和民族节日等筹划的传统菜肴。部分选择式菜单是在套餐菜单的基础上，增加了某道菜肴的选择性。这种菜单集中了零点菜单和套餐菜单的共同优点。其特点是在套餐的基础上加入了一些灵活性。例如，一个套餐规定了三道菜，第一道是沙拉，第二道是主菜，第三道是甜点。那么，其中主菜或者其中的两道菜中可以有数个可选择的品种并将这些品种限制在最受顾客欢迎的菜品上，价格固定。因此，部分选择式菜单很受欧美顾客的欢迎，它既方便顾客也有益于产品的销售。

2. 根据饮食习惯分类

（1）西餐之首——法式大餐（The First Western Food—French）

法国人一向以善于吃并精于吃而闻名，法式大餐（图 3-8）至今仍名列世界西菜之首。法式菜肴的名菜有：马赛鱼羹、鹅肝排、巴黎龙虾、红酒山鸡、沙福罗鸡、鸡肝牛排等。

图3-8　法式大餐

法式菜肴的特色是：选用多种材料（如蜗牛、鹅肝等法式佳肴），工艺精细，烹调精细，口味浓淡，花色多样；法式菜还比较讲究吃半熟或生食，如牛排、羊腿以半熟鲜嫩为特点，海味的蚝也可生吃，烧野鸭一般六成熟即可食用；法式菜肴重视调味，调味品种类多样。

用酒来调味，什么样的菜选用什么酒都有严格的规定，如清汤用葡萄酒，海味品用白兰地酒，甜品用各式甜酒或白兰地等。法国人十分喜爱吃奶酪、水果和各种新鲜蔬菜。法国菜和奶酪，品种多样。

（2）简洁与礼仪并重——英式西餐（Brevity and etiquette—British）

英式菜肴的特点是：油少、清淡，调味时较少用酒，调味品大都放在餐台上由客人自己选用。烹调讲究鲜嫩，口味清淡，选料注重海鲜及各式蔬菜，菜量要求少而精。英式菜肴的烹调方法多以蒸、煮、烧、熏、炸见长。英式菜肴的名菜有：鸡丁沙拉、烤大虾苏夫力、薯烩羊肉、烤羊马鞍、冬至布丁等。

（3）西菜始祖——意式大餐（Original—Italian）

在罗马帝国时代，意大利曾是欧洲的政治、经济、文化中心，虽然后来意大利落后了，但就西餐烹饪来讲，意大利却是始祖，可以与法国、英国媲美。

意式菜肴（图3-9）的特点是：原汁原味，以味浓著称。烹调注重炸、熏等，以炒、煎、炸、烩等方法见长。

图3-9　意式菜肴

意大利人喜爱面食，做法吃法甚多。其制作面条有独到之处，各种形状、颜色、味道的面条至少有几十种，如字母形、贝壳形、实心面条、通心面条等。意大利人还喜食意式馄饨、意式饺子等。

意式菜肴的名菜有：通心粉素菜汤、焗馄饨、奶酪焗通心粉、肉末通心粉、比萨饼等。

（4）营养快捷——美式菜肴（Quick and Nutritious—American）

美国菜是在英国菜的基础上发展起来的，继承了英式菜简单、清淡的特点，口味咸中带甜。美国人一般对辣味不感兴趣，喜欢铁扒类的菜肴，常用水果作为配料与菜肴一起烹制，如菠萝焗火腿、苹果烤鸭。喜欢吃各种新鲜蔬菜和各式水果。

美式菜肴的名菜有：烤火鸡（图3-10）、橘子烧野鸭、美式牛扒、苹果沙拉、糖酱煎饼等。

图3-10　烤火鸡

（5）西餐经典——俄式大餐（Classic—Russian）

沙皇俄国时代的上层人士非常崇尚法国，贵族不仅以讲法语为荣，而且饮食和烹饪技术也主要学习法国。但经过多年的演变，逐渐形成了自己的烹调特色。

俄国人喜食热食，爱吃鱼肉、肉末、鸡蛋和蔬菜制成的小包子和肉饼等，各式小吃颇有盛名。

俄式菜肴（图3-11）的名菜有：俄式冷盘、鱼子酱、罗宋汤、奶汁鱼块、黄油鸡卷等。

图3-11　俄式菜肴

3. 根据用餐时间分类

根据用餐时间分类，西餐菜单可以分为早餐菜单（Breakfast Menu）、午餐菜单（Lunch Menu）、正餐菜单（Dinner Menu）、夜餐菜单（Night Snack Menu）。

（1）早餐菜单（Breakfast Menu）的菜品配料与成分

早上是一天的开始，早餐是一天的第一餐。由于现代人的生活节奏快，不希望在早餐上花费许多时间。因此，早餐菜单既要品种丰富又要集中，还要服务速度快。通常，西餐厅早餐零点菜单约有30个品种：各式面包、黄油、果酱、鸡蛋、谷类食品、香肠、酸奶酪、咖啡、红茶、水果及果汁等。早餐菜单还可以有套餐菜单和自助餐菜单。早餐套餐可分为：大陆式早餐（Continental Breakfast）和美式早餐（American Breakfast）。

① 大陆式早餐

即清淡的早餐。包括各式面包、黄油、果酱、水果、果汁、咖啡或茶。

② 美式早餐

即比较丰富的早餐。包括各式面包、黄油、果酱、鸡蛋、火腿或香肠、水果、果汁、咖啡或茶。

大陆式早餐（THE CONTINENTAL BREAKFAST）

自选橙汁、西柚汁、菠萝汁、番茄汁
（Your choice of Orange Juice, Grapefruit Juice, Pineapple Juice or Tomato Juice）
面包自选（Baker's Choice）
牛角包、甜面包、吐司或丹麦面包
（Croissant, Sweet Roll, Toast or Danish Pastry）
黄油、橘子和果酱
（Butter, Marmalade and Jam）
茶、牛奶或巧克力奶
（Coffee, Tea or Chocolate）

美式早餐（THE AMERICAN BREAKFAST）

自选橙汁、西柚汁、菠萝汁、番茄汁
（Your Choice of Orange Juice, Grapefruit Juice, Pineapple Juice or Tomato Juice）
玉米片、大米片或粥
（Corn Flakes, Rice Crispy or Porridge）
带有咸肉、火腿肉或香肠的2个鸡蛋
（2 Eggs any style with Bacon, Ham or Sausages）
自选牛角包、甜面包、吐司或丹麦面包
（Baker's Choice Croissant, Sweet Boil, Toast or Danish Pastry）
黄油、橘子酱和果酱
（Butter, Marmalade and Jam）
茶、牛奶或巧克力奶
（Coffee, Tea or Chocolate）

特色菜（SOMETHING SPECIAL）

早餐牛排带鸡蛋（Breakfast Steak with Egg）
早餐牛排（Breakfast Steak）
扒熏鱼（Grilled Smoked Kipper）
1份香肠（1 Portion Sausage）
1份火腿肉（1 Portion Ham）
1份咸肉（1 Portion Bacon）

粥类（PORRIDGES）

鸡肉粥（Chicken Porridge）
鱼肉粥（Fish Porridge）
猪肉粥（Pork Porridge）

果汁（JUICES）

橙汁（Orange）
菠萝汁（Pineapple）
西柚汁（Grapefruit）
番茄汁（Tomato）

新鲜水果（FRESH FRUITS）

菠萝、木瓜或西柚（Pineapple, Papaya or Grapefruit）

烩水果（STEWED FRUITS）

李子、桃、梨（Prunes，Peaches or Pears）
木瓜与奶酪（Mixed Fruit Yogurt with Papaya）
奶酪（Plain Yogurt）

谷类（CEREALS）

玉米片（Corn Flakes）
大米片（Rice Crispies）
粥（Porridge）

面点（FROM THE BAKERY）

黑莓煎饼带冰激凌（Blueberry Pancake with Ice Cream）
吐司面包（Toast）
牛角包2个（Croissants two）
甜面包2个（Sweet Rolls two）
丹麦面包2个（Danish Pastries two）
带黄油、果酱和橘子酱（Served with Butter Jam and Marmalade）

鸡蛋（EGGS）

奶酪、鲜蘑或火腿肉，鸡蛋卷
（Ham, Cheese or Mushroom Omelette）

> 清鸡蛋卷（Plain Omelette）
> 2个鸡蛋可带咸肉、火腿肉或香肠
> （2 Eggs any Style With Bacon, Ham or Sausages）
>
> 饮料（BEVERAGES）
>
> 茶（Tea）
> 咖啡（Coffee）
> 巧克力奶或米露奶（Chocolate or Milo）
> 灭菌鲜牛奶（Pasteurised Milk）

（2）午餐菜单（Lunch Menu）的菜品配料与成分

午餐在一天的中部，它是维持人们正常工作和学习所需热量的一餐。因此，午餐菜单应具有价格适中、上菜速度快、菜肴实惠等特点。午餐菜单常包括开胃菜、汤、沙拉、三明治、意大利面条、海鲜、禽肉、畜肉和甜点。一些午餐菜单包括简单实惠的开胃菜、汤和意大利面条。

（3）正餐菜单（Dinner Menu）的菜品配料与成分

人们习惯将晚餐称为正餐。因为晚餐是一天中最主要的一餐，欧美人非常重视晚餐。通常人们在一天的紧张工作和学习之后需要享用一顿丰盛的晚餐。因此，大多数宴请活动都在晚餐中进行。由于顾客晚餐时间宽裕，有消费心理准备。所以，餐厅都为晚餐提供了丰富的菜肴。晚餐菜肴制作工艺较复杂，生产和服务时间较长，价格也比较高。

（4）夜餐菜单（Night Snack Menu）的菜品配料与成分

通常，晚10点后销售的餐食称为夜餐。夜餐菜单销售清淡和份额小的菜肴并以风味小吃为主。夜餐菜肴常有开胃菜、沙拉、三明治、制作简单的主菜、当地小吃和甜点等5至6个类别。每个类别安排4至6个品种。

许多西餐厅还筹划了早午餐菜单（Brunch Menu）和下午茶菜单（Afternoon Tea Menu）。早午餐在上午10点至12点进行。早午餐菜单常有早餐和午餐共同的特点。许多人在下午3点有喝下午茶的习惯，通常人们会吃一些甜点和水果。因此，下午茶菜单常突出甜点和饮料的特色。此外，还有一些专门推销某一类菜肴的菜单，例如冰激凌菜单。

二、菜品的构成与配料

1. 主要西餐食材

西餐的主要食材有牛肉（Beef）、小牛肉（Veal）、羊肉（Lamb）、牛脊肉（Sirloin）、牛排（Steak）、排骨（Chop）、猪肉（Pork）、火腿（Ham）、香肠（Sausage）、鸡（Chicken）、火鸡（Turkey）、鸭（Duck）、豆芽（Bean Sprout）、芹菜（Celery）、胡萝卜（Carrot）、南瓜（Pumpkin）、黄瓜（Cucumber）、番茄（Tomato）、茄子（Eggplant）、马铃薯（Potato）、甘蓝菜（Kale）等。

西餐的主要烹饪手法包括煮（Boiling）、炖（Stewing）、烩（Braising）、煎（Frying）、炸（Deep-frying）、烤（Roasting）、蒸（Steaming）、熏（Smoking）、白灼（Scalding）等。

2. 西餐菜单的命名规则

西餐菜名在内容构成上有以下几种方式。

第一种是把配料或修饰词前置，主料在后，例如：糖醋肉（Sweet and Sour Pork）、五味茄子（Aromatic Chinese Eggplant）。

第二种是把主料放在前面，配料或修饰词在后，例如：干烧龙虾（Lobster with Chilli Sauce）。

还有一种情况是几种材料较难区分主次，例如：腰果虾仁（Sauteed Baby Shrimps with Cashew Nuts）。

3. 西餐正餐菜品的构成

常规的西餐正餐菜品通常包括头盘（Appetizer）、汤（Soup）、主菜（Main Course）、甜品（Dessert）、咖啡和茶（Coffee and Tea）这几部分。

（1）头盘（Appetizer）/开胃菜（Starter）

它是西餐中的第一道菜肴或主菜前的开胃食品，通常有冷头盘（Cold Appetizers）、热头盘（Hot Appetizers）两种。头盘的特点是分量小但是品质很高。它的味道清新、色泽鲜艳，常带有酸味（Sour）和咸味（Salty），适合各种人群食用，具有开胃作用。

常见的头盘有鱼子酱（Caviar）、鹅肝酱（Goose Liver Paste）、熏鲑鱼（Lox）、法式焗蜗牛（Baked Snail）（图3-12）等。

图3-12　法式焗蜗牛

（2）汤（Soup）

西餐的汤大致可分为清汤（Clear Soup /Bree）、奶油汤（Cream Soup）、蔬菜汤（Vegetable）、冷汤（Cold Soup）等4类。汤除了主料以外，常常在汤的面上放一些小料加以补充和装饰。常见的汤品有：牛尾清汤（Ox-tail Soup）、意式蔬菜汤（Italian Vegetable Soup）、俄式罗宋汤（Bortsch Soup）、美式蛤蜊汤（American Clam Soup）、法式焗洋葱汤（French Onion Gratin Soup）（图3-13）等。

（3）主菜（Main Course）

主菜的主要原料是肉或者禽类（Meat or Poultry），最有代表性的是牛肉或牛排（图3-14），还包括三明治、汉堡、意大利面和各种除牛排之外的扒类。主要的调味汁有咖喱汁、奶油汁等。

图3-13 法式焗洋葱汤

图3-14 牛排

如果主菜为牛排，通常在点餐时要询问牛排的熟度。牛排的熟度分为6个等级，分别是近生（Blue），它的口感柔嫩、湿软、多汁、新鲜，有原生肉感；一分（Rare），这时的口感柔嫩、有肉汁，鲜味生熟层次感交汇；三分熟（Medium Rare），这个时候口感大体偏嫩，肉感多元化，相对鲜美；五分熟（Medium），口感不会太嫩，有层次有厚重感；七分熟（Medium Well），它的口感开始厚重有弹性，咀嚼感不错；全熟（Well Done），口感坚实，有弹性有嚼劲。熟食的蔬菜通常和主菜的肉食类菜肴一同摆放在餐盘中上桌，称为配菜（Side Dish）。这类配菜通常有花椰菜（Broccoli）、菠菜（Spinach）、菜花（Cauliflower）、炸土豆条（French Fries）等。

（4）沙拉（Salad）

制作沙拉（图3-15）的原料主要有黄瓜（Cucumber）、西红柿（Tomato）、生菜（Lettuce）和芦笋（Asparagus），还配有醋油汁、法国汁、千岛汁、奶酪沙拉汁、沙拉酱等调味酱汁。

图3-15 沙拉

（5）甜品（Dessert）

甜品是主菜后食用的，可以算作是第四道菜。从真正意义上讲，它包括所有主菜后的食物，如布丁、冰淇淋、芝士蛋糕、水果等。

甜品分软点、干点和湿点三种。软点大都热吃，如煎饼（Pancake）、烤饼（Scone）、松饼（Muffin）等，多在早餐供应。干点都是冷吃，如黄油蛋糕（Butter Cake）、派（Pie）、水果馅饼（Tart）、巧克力蛋糕（Chocolate Cake）（图3-16）等，一般作为下午茶点。湿点有各种冰淇淋（Ice Cream）、蛋奶酥（Souffle）、果冻（Jelly）、布丁（Pudding）等，冷热都有，常作午晚餐的点心。

图3-16 巧克力蛋糕

（6）咖啡和茶（Tea and Coffee）

当用完整套餐食后，通常还会有咖啡和茶提供，喝咖啡和茶时可以选择加糖和牛奶。

专题二 酒水专业知识

学习目标

知识目标
（1）了解酒吧各岗位的职责；
（2）了解酒吧各种杯子、器具及酒吧销售的技巧；
（3）了解非酒精饮品的分类及特点；
（4）了解酒精饮品的分类及特点。

技能目标
（1）分析酒吧各岗位职责特点；
（2）分析如何提高销售的成功率；
（3）分析咖啡研磨与冲泡方法之间的关系；
（4）分析非酒精类饮品及其优缺点。

素质目标
（1）培养爱国情怀和中国自信；
（2）培养对邮轮酒吧岗位的热爱和精益求精的工匠精神。

专题导入

酒吧最初源于美国西部大开发时期的西部酒馆，"Bar"一词到16世纪才有"卖饮料的柜台"这个义项，后又随着时代的发展演变为提供娱乐表演等服务的综合消费场所。说到非酒精类饮品，我们首先想到的是咖啡和茶，咖啡都有哪些品种，其制作方法有什么不同呢？除了这两样常见饮品，还有哪些是邮轮上经常提供的饮品呢？酒精类饮品有很多种，啤酒、白酒、葡萄酒、基酒、鸡尾酒、清酒、黄酒、米酒等，而且每一种酒又可以分成很多类，到底应该怎么给这些酒精饮品进行分类呢？如何进行配餐呢？好看的鸡尾酒是怎么制作的？本专题涉及的酒吧服务专业知识较多，请大家熟记酒精类饮品和非酒精类饮品的分类特点。

第一节 酒吧概述

一、酒吧介绍

1. 酒吧分类

酒吧分为主酒吧、服务酒吧及宴会酒吧。

（1）主酒吧（图 3-17）也称鸡尾酒吧或英式酒吧，装修非常注意个性化，常常会装饰一些有特色的设施设备，如沙壶球、飞镖、撞球等娱乐设施。根据酒吧的主题特色，又可分为大堂酒吧、运动酒吧、音乐酒吧、酒馆等。顾客与调酒师可以面对面交流。主酒吧经营的品种较全，包括葡萄酒、烈性酒、甜酒、啤酒、鸡尾酒、碳酸饮料、茶和果汁等，对调酒师的业务知识、服务技巧要求比较高。

图3-17　主酒吧

（2）中、西餐厅都设有服务酒吧。中餐厅服务酒吧设备比较简单，调酒师不需要直接与顾客打交道，只要按酒水单供应即可。西餐厅服务酒吧要求比较高，酒水搭配的格调和水准主要通过数量多、品种全的餐酒来体现，各类餐酒的存放温度、湿度及降温方法都有不同，所以高档西餐厅的酒库非常重要。

（3）宴会酒吧（图 3-18）一般是临时性酒吧。酒水供应随意性大，时间灵活、工作集中、服务节奏快，所以需要在宴会前做大量的工作，营业结束后还要做好整理与结账工作。

图3-18　宴会酒吧

2. 酒吧的组成部分

不同的酒吧因设计、服务功能以及空间大小等的不同，其布局千差万别，但一般由以下几个部分组成。

（1）吧台（Bar Counter）

吧台是酒吧向客人提供酒水及其他服务的工作区域，是酒吧的核心部分。通常由吧台（前吧）、吧柜（后吧）以及操作台（中心吧）组成。吧台大小以及组成形状也因具体条件而有所不同。

（2）音控室（Acoustic Chamber）

音控室是酒吧灯光音响的控制中心。音控室不仅为酒吧座位区或包厢的客人提供点歌服务，而且对酒吧进行音量调节和灯光控制，以满足客人听觉上的需要，营造酒吧气氛。音控室一般设在舞池区，也有根据酒吧空间条件设在吧台附近。

（3）舞池（Dance Floor）

舞池是一般酒吧不可缺少的空间，是客人活动的中心。酒吧功能不同舞池的面积也不相等。小到 50～60 平方米，大到 150 平方米以上（如迪厅吧）。通常舞池还设有小舞台，供演奏或演唱人员专用。舞池还设衣物、物件寄放处。舞台的设置以客人能看到舞台上的节目表演为佳，并与灯光、音响相协调。

（4）座位区（Seats）

座位区是客人的休息区，也是客人聊天交谈的主要区域。酒吧不同，座位区布置也各不相同，如有火车座式，也有圆桌围坐式。座位区围绕舞池设立，一般以台号来确定座席。

（5）包厢（Booth/Private Room）

包厢是为一些不愿被人打扰的团体或友人聚会提供的场所。包厢有大有小。一般要求内设舞池，有隔音墙、高级沙发、高级环绕音响、大屏幕电视机、电子点歌台等。

（6）卫生间（Restroom）

卫生间是酒吧不可缺少的设施，卫生间设施的档次的高低及卫生洁净程度反映了酒吧的档次。卫生间要求设施及通风状况要符合卫生防疫部门规定的标准。

（7）娱乐活动室（Recreation Room）

娱乐项目是酒吧吸引客源的主要因素之一，所以选择何种娱乐项目、规格多大、档次多高都要符合经营目标。酒吧娱乐项目有保龄球、台球、飞镖、室内游泳、桑拿、按摩、卡拉 OK 迪厅及棋牌、游戏室等。

二、酒吧岗位职责

酒吧主要的岗位有：酒吧经理（Manager）、酒吧副经理（Deputy Manager）、酒吧主管（Supervisor）、酒吧调酒师（Bartender）等。各岗位职责（Job Responsibilities）也有所不同。

1. 酒吧经理

酒吧经理（Manager）的岗位职责包括：
- 保证各酒吧处于良好的工作状态和营业状态。
- 正常供应各类酒水，制定销售计划。
- 编排员工工作时间表，合理安排员工休假。
- 根据实际需要调动、安排员工工作。

- 督促下属员工努力工作，鼓励员工学习业务知识，求取上进。
- 制定培训计划，安排培训内容，培训员工提高业务水平。
- 根据员工工作表现做好评估工作，晋升优秀员工。
- 检查各酒吧每日工作情况。
- 控制酒水成本，防止浪费，减少损耗，严防失窃。
- 处理客人投诉或其他部门投诉，调解员工纠纷。

2. 酒吧副经理

酒吧副经理（Deputy Manager）的岗位职责包括：
- 保证酒吧处于良好的工作状态。
- 协助酒吧经理制定销售计划。
- 安排员工工作时间，合理安排员工假期。
- 根据需要调动、安排员工工作。
- 督促下属员工努力工作。
- 负责各种酒水销售服务，熟悉各类服务程序和酒水价格。
- 协助经理制定培训计划，培训员工。
- 协助经理制定鸡尾酒配方以及各类酒水的销售分量标准。
- 检查酒吧日常工作情况。
- 控制酒水成本，防止浪费，减少损耗，严防失窃。

3. 酒吧主管

酒吧主管（Supervisor）的岗位职责包括：
- 保证酒吧处于良好的工作状态。
- 正常供应各种酒水，做好销售记录。
- 督促下属员工努力工作。
- 负责各种酒水销售服务，熟悉各类服务程序和酒水价格。
- 根据配方鉴定混合饮料的质量，能够指导下属员工。
- 协助经理制定鸡尾酒的配方及各类酒水的销售分量标准。
- 根据销售需要保持酒吧的酒水存货。
- 负责各种宴会的酒水预备和各项准备工作。
- 管理及检查酒水销售时的开单、结账工作。
- 控制酒水损耗，减少浪费，防止失窃。

4. 酒吧调酒师

酒吧调酒师（Bartender）的岗位职责包括：
- 根据销售状况从仓库领取酒水。
- 按营业需要领取器具用品。
- 清洗酒杯及各种用具，擦拭酒杯，清理酒柜冰箱。
- 清洁酒吧各种器具，做好卫生工作。
- 准备营业用冰块。
- 摆好各类用酒，准备辅料便于工作。
- 准备各种装饰水果，如柠檬片、橙角等。
- 将空瓶、罐送回管事部清洗。

- 补充各种酒水。
- 按客人要求调制酒水。

5. 吧员

吧员（Assistant Bartender）的岗位职责包括：
- 每天按照提货单到食品仓库提货、取冰块、更换棉织品、补充器具。
- 整理酒吧的设备，如冰柜、制冰机、工作台、清洗盆、冰车和调酒工具（搅拌机、量杯等）。
- 经常清洁酒吧内的地板及所有用具。
- 做好经营前的准备工作，如兑橙汁、将冰块装到冰盒里、切好柠檬片和橙角等。
- 协助调酒师放好陈列的酒水。
- 根据酒吧领班和调酒师的指导补充酒水。
- 用干净的烟灰缸换下用过的烟灰缸并清洗干净。
- 补充酒杯，工作空闲时用干布擦亮酒杯。
- 补充应冷藏的酒水到冰柜中，如啤酒、白葡萄酒、香槟及其他软饮料。
- 保持酒吧的整洁、干净。

6. 酒吧服务员

酒吧服务员（Bar Waiter/Waitress）的岗位职责包括：
- 在酒吧范围内招呼客人。
- 根据客人的要求填写酒水供应单，到酒吧取酒水，并负责取单据给客人结账。
- 按客人的要求供应酒水，提供令客人满意而又恰当的服务。
- 保持酒吧的整齐、清洁，包括开始营业前及客人离去后摆好台椅等。
- 做好营业前的一切准备工作，如备咖啡杯、碟、点心叉（西点）、茶壶和杯等。
- 协助放好陈列的酒水。
- 补足酒杯，空闲时用干布擦亮酒杯。
- 用干净的烟灰缸换下用过的烟灰缸。
- 清理垃圾并将客人用过的杯、碟送到清洗间。
- 熟悉各类酒水、各种杯子的特点及酒水价格。

面试相关英语

The responsibilities of bar waiter/waitress

Bar Waiter/waitress is responsible for beverage service and sales in the workstation.
- Recommending and suggesting drinks
- Up-selling beverages to guests
- Taking drink and food orders
- Serving drinks and foods
- Cleaning tables
- Handling complaints from guests

三、酒吧常用器具及杯具

1. 酒吧常用器具（Utensils in Bars）

（1）调酒壶（Cocktail Shaker）（图 3-19）

（2）调酒匙（Bar Spoon）（图 3-20）

图3-19　调酒壶

图3-20　调酒匙

（3）计量杯（Measuring Cup）（图 3-21）

（4）食品搅拌机（Blender）（图 3-22）

图3-21　计量杯

图3-22　食品搅拌机

（5）量酒器（Measuring Power）（图 3-23）

（6）调酒杯（Mixing Glass）（图 3-24）

（7）碎冰机（Ice Crusher）（图 3-25）

（8）冰桶（Ice Pail）（图 3-26）

（9）开瓶器（Opener）（图 3-27）

（10）压榨器（Squeezer）（图 3-28）

图3-23 量酒器

图3-24 调酒杯

图3-25 碎冰机

图3-26 冰桶

图3-27 开瓶器

图3-28 压榨器

（11）隔冰器（Strainer）（图3-29）

图3-29　隔冰器

2. 酒吧常用设备（Equipment in Bars）

酒吧中的设备一般可分为制冷、清洁及调制三种类型。其设备虽然繁多，用途也各异，但由于多数为电器及自动化设备，因此使用上相对简单，但只有详细地了解它们的用途才能正确地选择与使用，从而减小劳动强度、提高工作效率。

（1）制冷设备（Refrigeration Equipment）

制冷设备包括制冰机（Ice Maker）和冰箱（Refrigerator），如图3-30和图3-31所示。

图3-30　制冰机　　　　　　图3-31　冰箱

（2）清洗设备（Washing Equipment）

清洗设备包括洗涤槽（Drain Boards）和洗杯机（Washing Machine），如图3-32和图3-33所示。

（3）调制设备（Modulation Equipment）

调制设备包括电动搅拌机（Blender）、果汁机（Juice Machine）和咖啡器（Coffee Warmer），如图3-34～图3-36所示。

图3-32 洗涤槽

图3-33 洗杯机

图3-34 电动搅拌机

图3-35 果汁机

图3-36 咖啡器

另外，酒吧常用设备还包括收款机（Cash Register），收款机发明于一百多年以前，目前已有许多种类。其基本功能有三个：记录、汇总和打印销售情况。现在星级酒店常用终端机（Point of Sale Electronic Cash Register）代替，使其成为酒店计算机网络的一部分，终端机具有账单记录、销售分析、监督和管理每日销售情况、分派和贮存酒水饮料的数量等新的功能。管理人员可以根据其提供的数据，检查、分析酒吧的经营情况，制定出新的营销决策。

3. 酒吧常用杯具（Glasses）

酒杯其实不过是人们用来盛装酒水的容器，但在酒吧中供客人使用的酒杯种类却相当多，使用也更趋专业和严格。在酒吧中使用的酒杯以玻璃质地为主，常见的一般有水晶玻璃杯、平光玻璃杯和刻花玻璃杯三种类型，酒杯的选择一般根据酒吧的档次、规模和格调而定，以满足不同消费档次客人的多层次需要。

酒杯的容量单位在酒吧习惯用盎司（oz）来计算，现在国家统一计量标准后按毫升（mL）计算，换算公式为 1oz = 28.4mL。

酒吧常用酒杯品种如下。

（1）小麦啤酒杯（Weizen Glass）（图 3-37）

（2）白兰地杯（Brandy Glass）（图 3-38）

图3-37　小麦啤酒杯

图3-38　白兰地杯

（3）柯林斯杯（Collins Glass）（图 3-39）

（4）鸡尾酒杯（Cocktail Glass）（图 3-40）

图3-39　柯林斯杯

图3-40　鸡尾酒杯

（5）特饮杯（Hurricane Glass）（图 3-41）
（6）爱尔兰咖啡杯（Irish Coffee Glass）（图 3-42）

图3-41　特饮杯

图3-42　爱尔兰咖啡杯

（7）利口酒杯（Liqueur Glass）（图 3-43）
（8）果汁杯（Juice Glass）（图 3-44）

图3-43　利口酒杯

图3-44　果汁杯

（9）有柄圆筒杯（Mug）（图 3-45）

图3-45　有柄圆筒杯

四、酒吧销售技巧

1. 按销售类型分类

酒吧销售技巧按销售类型，可以分为向上销售（Up-selling）和交叉销售（Cross-selling）。

（1）向上销售

向上销售指的是说服客户购买更高端、更有特色的产品，从而增加总销售价值。在向上销售中，销售者的目的在于向顾客展示最新的或更好的产品，以提升销售额。当顾客的购买欲望很高时，这种销售技巧非常奏效。它采用宣传好处、突出差异以及提供折扣的手段来吸引顾客。在向上销售中，销售者经常会把主要产品与高档产品相比较，以向顾客展示高档产品的特性和规格，从而使顾客转而购买高档产品。

（2）交叉销售

交叉销售是指销售者根据顾客对公司产品的兴趣和已经完成的交易推荐附加产品鼓励顾客继续购买。它不仅能完善已购产品，还能帮助顾客从最初的购买中获得最大的价值。

 面试相关英语

> Up-selling and cross-selling are the two very effective techniques of marketing where in the sales representative encourages the customer to buy more products or buy a better product. This not just adds to the existing sales revenue but also provides value to the customers.
>
> Up-selling is the strategy of persuading your prospective customer to purchase a similar product with higher specifications and features, rather than going with the original choice.
>
> On the other hand, in cross-selling, the sales representative encourages the potential buyer to make the initial purchase first, and once the customer is done with the selection, the representative recommends a complementary or additional product to the buyer, which adds to its value to the customer.

2. 按顾客分类

按顾客分类，酒吧销售可以分为：对老年人的推销（For the Elderly）、对情侣的推销（For Couple）、对爱挑剔客人的推销（For Picky Customers）、对犹豫不决客人的推销（For Hesitant Customers）、对消费水平不高的客人的推销（For Customers with Lower Buying Capacities）。

（1）对老年人的推销技巧。向老年人推销饮品时要注意营养结构，重点推荐含糖量低、健康的饮品。如："您老不如品尝一下我们店的特色饮品，含糖低、营养丰富，还价廉物美。您不妨试一试。"

（2）对情侣的推销技巧。服务员可以向情侣客人推荐适合情侣的饮品，例如情人套餐等，以增强情侣的就餐体验。同时，可以在就餐期间提供惊喜服务，例如送上小礼物或小果盘、为他们合影留念等，让情侣感受到特别的待遇。

（3）对爱挑剔客人的推销技巧。对于爱挑毛病的客人，服务员首先要以最大的耐心和热情来服务，对客人所提意见要做到"有则改之，无则加勉，不卑不亢，恰当解答"。要多征求客人的意见，如："先生，不知道您喜欢什么口味的饮料，您提示一下好吗？要不我给您推荐几款现在销售不错的饮品？"切记，无论客人如何挑剔，都要保持微笑。

（4）对犹豫不决客人的推销技巧。要尽可能顺着客人的意思去回答问题，对拿不定主意的客人，应尽量帮他拿定主意，充当他的参谋。如提供选择："您喜欢白兰地还是威士忌？"或者提出建议："这两款鸡尾酒口味都不错，但长岛冰茶选的人更多，而且也很适合您，您觉得长岛冰茶是不是更好呢？"这样既巧妙地说出了自己的意见，又促使客人做出最后决定。

（5）对消费水平不高的客人的推销技巧。一般工薪阶层的客人消费能力相对较弱，更注重实惠，要求价廉物美。在向这些客人推销时，一定要掌握好尺度，要学会尊重他们，如果过多推销高档酒水会使他们觉得窘迫，甚至会刺伤客人的自尊心。所以在推销时要采取试探性的方法，如果客人坚持不接受，就需要在中、低档酒水上做文章。切记，消费水平不高的客人同样是酒店尊贵的客人，不应厚此薄彼。

3. 销售注意事项

（1）多用多项选择疑问句。

如："先生，您好！今晚我们是喝点白酒、红酒还是来点其他的呢？"当客人确定了其中一个品种时，再主动报出该类酒水的更多品种让客人进行选择。

（2）切忌用单项询问的方式。

如："先生，您好！今晚我们喝点饮料吗？"这样的询问方式，缺乏引导性。成功的推销人员要学会引导客人消费。

五、酒单设计

酒单（图3-46）是酒吧和餐厅提供的酒水清单，酒单设计得好坏、能不能吸引顾客都会影响到酒吧的营业额。酒单的设计，除了要突出酒吧和餐厅的特色之外，更要注重实用性，这样才能让顾客在短时间内找到自己想要的酒。

以餐厅的酒单为例：

1. 酒单的设计首先要考虑顾客的喜好

列在酒单上的酒品90%能销售，这是对酒单的最基本要求。

2. 应考虑与食品菜单相称

如果顾客选择的是高级的法式菜，就应提供名牌法国酒。红酒（即红葡萄酒）配红肉（牛肉羊肉猪肉）、白酒（即白葡萄酒）配海鲜是一般的原则。

3. 价格应当一致

酒的选择不应只考虑与食品的档次保持一致，酒的价格也应同食品的价格保持一定的比例。一般来说，顾客不喜欢付出的酒款超过菜品的价格。事实上，最好是酒款占整个账单的 1/4 左右。酒单应有各种不同的价格档次，可以让顾客在价格区间内随意作出选择。

4. 考虑酒的用量

应随时考虑到酒单上列的酒类与数量之间的一致，不能出现酒品销售时间不长就断档的情况。

Beverage 饮品

CLASSIC COCKTAILS
Dirty Martini, Dry Martini, Bikini Martini , Mojito
浑浊马天尼、干马天尼、比基尼马天尼、门司鸡尾酒
Bloody Mary, Caipirinha, Long Island Ice Tea, Mai Tai 血腥玛丽、卡皮瑞亚、长岛冰茶、美态
Singapore Sling, Margarita 新加坡司令、玛格丽特
If your cocktail is not listed above, please kindly ask our Pan Pacific Team

WHISKY
John Jameson's 尊美醇
Chivas Regal 12years, Johnnie Walker Black Label
芝华士 12年、黑牌威士忌
Famous Grouse 12years 威雀 12年
Chivas Regal 18years 芝华士 18年
Glenfidich 12years 格兰菲迪 12年
Royal Salute 皇家礼炮

BOURBON & CANADIAN WHISKY
Jack Daniel's, Four Roses, Canadian Club
杰克丹尼、四玫瑰、加拿大俱乐部

SPIRITS
Bacardi Light Rum, Myer's Rum, Captain Morgan-dark Rum,
Jose Cuervo Gold Tequila, Conquistador Tequila, Beefeater Gin, Gorcon's
Gin, Absolut Vodka, Smirnoff Vodka
百家地淡朗姆、美雅士朗姆、摩根船长黑朗姆、
豪帅金快活特基拉、白金武士特基拉、将军金酒、
哥顿金酒、瑞典伏特加、皇冠伏特加

COGNAC
Hennessy VSOP 轩尼斯 VSOP
Courvoisier Napoleon VSOP 拿破仑 VSOP
Martell VSOP 马爹利 VSOP
Remy Martin Club 人头马特级
Martell Cordon Bleu 蓝带马爹利
Remy Martin XO 人头马 XO
Courvoisier Napoleon XO 拿破仑 XO

ARMAGNAC
Marquis De Montesquiou XO 蒙特伯爵 XO

SHERRY & PORT
Harvey's Bristol Cream, Taylor's Port 哈维斯雪利酒、泰莱斯体酒

BOTTLE BEER
Tsing Tao, Carlsberg, Corona, Budweiser, Heineken
青岛、嘉士伯、科罗娜、百威、喜力
Guinness Stout(Can), Hoegaarden
健力士黑啤(听装)、福佳白啤

DRAFT BEER
Stella Artois 330ml
时代扎啤 小杯
Stella Artois 500ml
时代扎啤 大杯

APERITIVES
Pimm's No.1, Martini, Campari
飘仙一号、马天尼、金巴利

LIQUEUR
Cointreau, Bailey's Cream
君度橙酒、百利爱尔兰甜酒

CHILLED FRUIT JUICES
Orange, Apple, Grapefruit, Pineapple, Tomato, Grape
橙子、苹果、西柚、菠萝、番茄、葡萄

FRESHLY SQUEEZED FRUIT JUICE
Orange, Watermelon, Apple, Carrot , Celery, Tomato
橙子、西瓜、苹果、胡萝卜、西芹、番茄

SOFT DRINK
Coca Cola, Coke Zero, Sprite, Soda Water, Tonic Water,
Ginger Ale
可口可乐、零度可乐、雪碧、苏打水、汤力水、干姜水

MINERAL WATER
San Pellegrino 500ml 圣培露气泡矿泉水
Evian 500ml 依云矿泉水
Perrier 330ml 巴黎气泡矿泉水
Local Mineral Water 550ml 地方矿泉水

COFFEE & TEA
Oolong – Tieguanyin, Jasmine, Longjing, Earl Grey, Peppermint,
Coffee, Espresso, Latte, Cappuccino, Milk, Chocolate
铁观音乌龙茶、茉莉龙珠、龙井、伯爵茶、薄荷茶、
鲜浓咖啡、特浓咖啡、拿铁、卡布奇诺、牛奶、巧克力

图3-46 酒单

第二节 非酒精类饮品知识

一、非酒精类饮品的构成

非酒精饮料（Non-alcoholic Beverages）又称软饮料（Soft Drink），指酒精含量低于 0.5%（质量比）的天然或人工配制的饮料，又称清凉饮料、无醇饮料。

1. 原料（Materials）

软饮料的主要原料是饮用水或矿泉水，果汁、蔬菜汁或植物的根、茎、叶、花和果实的抽提液。

有的含甜味剂、酸味剂、香精、香料、食用色素、乳化剂、起泡剂、稳定剂和防腐剂等食品添加剂。其基本化学成分是水分、碳水化合物和风味物质，有些软饮料还含维生素和矿物质。

2. 品种（Categories）

按原料和加工工艺分为碳酸饮料、果汁（图3-47）及其饮料、蔬菜汁及其饮料、植物蛋白质饮料、植物抽提液饮料、乳酸饮料、矿泉水和固体饮料8类。

按性质和饮用对象分为特种用途饮料、保健饮料、餐桌饮料和大众饮料4类。

世界各国通常采用第一种分类方法。但在美国、英国等国家，软饮料不包括果汁和蔬菜汁。

图3-47　果汁

二、咖啡的种类及制作方法

1. 咖啡产地和种类（Origin and Types of Coffee）

（1）蓝山咖啡（Blue Mountain）

蓝山咖啡是用生产于牙买加蓝山海拔1000米以上的咖啡豆制作的微酸、柔顺、带甘、风味细腻的咖啡。

（2）哥伦比亚咖啡（Colombia）

哥伦比亚咖啡中以苏帕摩系列（Supremo）最具特色，其咖啡柔软香醇，带微酸至中酸，品质及香味稳定，属中度咖啡，用来调配综合咖啡。

（3）美式咖啡（Americano）

很多咖啡馆的"当日咖啡"其实就是美式咖啡，这通常也是咖啡馆菜单上最便宜的一种。美式咖啡即小半杯意大利咖啡（Espresso）兑上大半杯白开水，也有咖啡馆会使用滴滤式咖啡壶冲泡。美式咖啡味道淡、颜色浅，微酸微苦，通常咖啡馆会提供牛奶和砂糖。

(4) 意大利咖啡（Espresso）

"Espresso"在意大利语中就是"快速"的意思，当热水在高压的作用下快速穿过咖啡粉时，咖啡的精华被充分萃取出来，浓郁、芳香、高纯度、苦中带有焦糖味。

(5) 卡布奇诺（Cappuccino）

将意大利咖啡、牛奶和奶泡按比例调和，使卡布奇诺（图3-48）少了意大利咖啡的苦，多了奶泡的香醇滋味，拥有更容易被接受的口味。

图3-48　卡布奇诺

(6) 拿铁（Latte）

与卡布奇诺的不同在于，拿铁（Latte）（图3-49）拥有更为浓郁的奶香，大量的牛奶和奶泡充分调和了意大利咖啡厚重的味道，使其口味变得温顺，可以作为初尝咖啡者的首选推荐。

图3-49　拿铁

2. 咖啡研磨（Coffee Grinding）

(1) 技巧

咖啡研磨（图3-50）最理想的时间是在要烹煮之前。因为磨成粉的咖啡容易氧化散失香味，尤其在没有妥善适当的贮存时，咖啡粉还容易变味，自然无法烹煮出香醇的咖啡。在磨豆机发明之前，人类使用石制的杵和钵研磨咖啡豆。

(2)方法

咖啡研磨方法分为：粗研磨、中研磨、细研磨。粗研磨的颗粒粗，大小像粗白糖；中研磨颗粒的大小像砂糖与粗白糖混合；细研磨颗粒细的大小像砂糖。

(3)原则

① 应选择适合冲煮方法的研磨度。

② 研磨时所产生的温度要低。

③ 研磨后的粉粒要均匀。

④ 冲煮之前才研磨。

图3-50　咖啡研磨

3. 咖啡冲泡（Making Coffee）

(1)滴滤式

把上等研磨好的咖啡放在适当的纸上，或是可重复使用的圆锥形器皿里，然后把热水从上面倒进去。如果要求更好的品质，可以先用一小部分的水把研磨好的咖啡弄湿（闷蒸），如此可以加速咖啡因释放的速度。冲泡出来的咖啡倒进杯子就可以喝了。

(2)法压式

用热水直接冲泡咖啡，并用铁网过滤，几乎把能萃取到的物质全部萃取出来了，所以会形成一杯较浑浊的咖啡，风味很原始，很复杂。一般优质的咖啡很适合这种冲泡方法。但是劣质咖啡豆却风味全无，留下的只有苦涩。

(3)摩卡式

摩卡壶（图3-51）由上壶、滤网、下壶所组成，滤网在上下壶之间。冲泡时，水装在下壶，咖啡放在中间的网里，下壶受热后产生水蒸气，将热水冲上去。穿过咖啡粉，然后进入上壶，形成咖啡。因为其气压较高，也被归为高压式煮法、手工浓缩咖啡，但它不能煮出意式浓缩咖啡的那层泡沫。

(4)意式浓缩咖啡

以填压器压实粉末，形成一个饼状咖啡块，以对抗冲煮时8～9巴（1巴=100000帕斯卡）的热水压力浸透咖啡块。当咖啡块填压得紧密一致时，每粒咖啡豆粉皆可受到热水平均的萃取，完整的注入杯中，瞬间得到一小杯口感浓郁而芳香的意式浓缩咖啡（图3-52）。压力与阻力间的均衡对称，是冲泡出一杯浓稠好喝的咖啡不可或缺的重要因素。

图3-51　摩卡壶

图3-52　意式浓缩咖啡

三、其他非酒精饮品

除了咖啡，非酒精饮品（Non-alcoholic Beverages）还可以分为以下几种。

1. 果蔬汁饮料类（Fruit and Vegetable Juice）

（1）果汁（浆）及果汁饮料类

果汁（浆）及果汁饮料类指以新鲜或冷藏水果为原料，经加工制成的制品，包括果汁、果浆、浓缩果汁、浓缩果浆、果肉饮料、果汁饮料、果粒果汁饮料、水果饮料浓浆、水果饮料。

（2）蔬菜汁饮料

蔬菜汁饮料指在蔬菜汁中加入水、糖液、酸味剂等调制而成的可直接饮用的制品，含有两种或两种以上蔬菜汁的蔬菜汁饮料称为混合蔬菜汁饮料。

（3）蛋白饮料类

蛋白饮料类指以蛋白质含量较高的植物果实、种子或核果类、坚果类的果仁等为原料，与水按一定比例磨浆去渣后调制所得的乳浊状液体制品。成品中蛋白质的质量浓度≥5g/L。如豆浆（图3-53）、椰奶、杏仁露。

图3-53 豆浆

2. 茶饮料类（Tea）

茶叶用水浸泡后经抽提、过滤、澄清等工艺制成的茶汤或在茶汤中加入水、糖、酸、香精、果汁或植（谷）物抽提液等调制加工而成的制品。包括茶汤饮料、果汁茶饮料、果味茶饮料、其他茶饮料。

3. 咖啡饮料类（Coffee Drinks）

咖啡饮料：以咖啡提取液或速溶咖啡粉为主要原料制成的液体饮料；

去咖啡因咖啡饮料：以去咖啡因的咖啡提取液或去咖啡因的速溶咖啡粉为原料制成的液体饮料。

4. 固体饮料类（Powdered Drinks）

以糖、食品添加剂、果汁或植物抽提物等为原料，加工制成的水分含量在5%以下，具有一定形状（粉末状、颗粒状、片状或块状）、须经水冲溶后才可饮用的饮料。按原料成分不同可分为果香型、蛋白型和其他型。

5. 特殊用途饮料类（Drinks for Special Use）

通过调整饮料中天然营养素的成分和含量比例，以适应某些特殊人群营养需要的制品。此类饮料基本上是以水为基础，添加氨基酸、牛磺酸、咖啡因、电解质、维生素等调制而成。包括运动饮料、营养素饮料和其他特殊用途饮料。

6. 植物饮料类（Botanical Beverages）

（1）食用菌饮料：在食用菌实体的浸取液或浸取液制品中加入水、甜味料、酸味剂等调制而成的饮料制品，或在食用菌及其可食用培养基的发酵液中加入甜味料、酸味剂等调制而成的饮料。

（2）藻类饮料：在海藻或人工繁殖的藻类经浸取、发酵或酶解后制得的液体中加入水、甜味料、酸味剂等调制而成的饮料，如螺旋藻饮料等。

（3）蕨类饮料：用可食用的蕨类植物（如蕨的嫩叶）经加工制成的饮料。

（4）可可饮料：以可可豆、可可粉为主要原料制成的饮料。

（5）谷物饮料：以谷物为主要原料经调配制成的饮料。

（6）竹（树）木饮料（图3-54）：以竹（或树）木的汁液为主要原料调配制成的饮料。

图3-54　竹木饮料

（7）其他植物饮料：以符合国家相关规定的其他植物原料加工制成的饮料。

7. 风味饮料类（Flavored Drinks）

（1）果味饮料：以甜味料、酸味剂、果汁、食用香精、茶或植物抽提液等的全部或其中的部分为原料调制而成的饮料，如橙味饮料、柠檬味饮料等。

（2）乳味饮料：以甜味料、酸味剂、乳或乳制品、果汁、食用香精、茶或植物抽提液等全部或其中部分为原料调制而成的饮料。

（3）茶味饮料：以茶或茶香精为主要赋香成分，茶多酚达不到茶饮料类标准的饮料。

（4）咖啡味饮料：以咖啡或咖啡香精为主要赋香成分，达不到咖啡饮料类标准的饮料。

第三节　含酒精类酒水知识

一、酒精类饮品的构成

酒水（Beverage）在英文中包含了两层意思，一层是可饮用的（Potable），另一层是含有酒精的液体（Liquid）。根据酒水是否含有酒精，分成酒精类饮料（Alcohol Beverage）和非酒精饮料（Non-alcohol Beverage），以下是酒精类饮料的相关知识。

在中国，所有含有乙醇的饮品都属于酒精类饮料，但国际上其他国家有着不同的解释，他们认为含有0.5%～75.5%酒精的可饮用液体是酒精饮料，也就是说任何含有0.5%至75.5%标准酒度的饮用液体均属酒精饮品。

标准酒度指的是酒液温度为 20℃时每 100 毫升酒液中乙醇的含量，通常用 % 表示。因为标准酒度是由法国化学家盖•吕萨克（Gay Lussac）发明的，所以又称为盖•吕萨克酒度，用其名字缩写 GL 来表示。

根据酒度的不同，酒精饮料分为高度、中度、低度，40 度以下为低度酒，40 度到 50 度是中度酒，50 度以上为高度酒。

除了按照酒度分类，人们根据生产工艺把酒精饮料分成酿造酒（Fermented Wine）、蒸馏酒（Distilled Wine）、配制酒（Assembled Alcoholic Beverage）和混合酒（Mixed Drink）。

二、酿造酒

酿造酒也可以称为原汁酒，是制酒原料经发酵后在一定容器内经过一定时间的窖藏而产生的含酒精饮品。这类酒品的酒精含量都不高，一般不超过百分之十几。主要包括啤酒（Beer）、葡萄酒（Wine）、黄酒和米酒。

1. 啤酒

啤酒（图 3-55）是人类最古老的酒精饮料，是水和茶之后世界上消耗量排名第三的饮料，在世界各国都深受喜爱。广义上的啤酒，指的是所有的啤酒类饮品，狭义上的啤酒指的是用谷类发酵并经过啤酒花调香的饮料。我们常见的啤酒品牌有中国的青岛（TSINGDAO）、美国的百威（Budweiser）、荷兰的喜力（HeineKen）、丹麦的嘉士伯（Carlsberg）等。

图3-55　啤酒

（1）根据啤酒色泽，啤酒可以分成淡色啤酒（Pale Beers）、浓色啤酒（Brown Beer）和黑色啤酒（Dark or Black Beers）三类，其中淡色啤酒还可以分成淡黄色啤酒、金黄色啤酒、棕黄色啤酒三类。

（2）根据啤酒杀菌处理情况，啤酒可以分成鲜啤酒（Draught Beer），也就是我们常说的生啤；与之相对的是熟啤酒（Pasteurized Beer），是鲜啤酒经过巴氏灭菌法处理后的啤酒，也可以称为杀菌啤酒。

（3）根据原麦汁浓度，还可以将啤酒分为低浓度啤酒（Small Beer）、中浓度啤酒（Light Beer）和高浓度啤酒（Strong Beer）。顾名思义，低浓度啤酒指的是原麦汁浓度在 2.5%~8.0% 之间，酒精含量在 2% 左右的啤酒；原麦汁浓度在 8%～12% 之间，酒精含量在 3.5% 左右的啤酒，被称为中浓度啤酒；原麦汁浓度在 12%～20% 之间，酒精含量在 5% 左右的啤酒就是高浓度啤酒；还有少数啤酒的酒精含量可以高达 7.5%。

2. 葡萄酒

（1）葡萄酒品种及命名

葡萄酒主要以新鲜的葡萄为原料酿制而成。酿葡萄酒专用的葡萄与普通的水果葡萄有所不同，大致可分为红色品种、白色品种等。

红色品种的酿造葡萄比较常见的有品丽珠（Cabernet Franc）、赤霞珠（Cabernet Sauvignon）、黑皮诺（Pinot Noi）、梅洛（Merlot）、西拉（Syrah/Shiraz）等。

● 品丽珠有浓烈青草味，混合黑加仑和桑椹的果味，酒体较清淡，是世界知名的白马酒庄 Chateau Cheval Blanc 酿制葡萄酒的主要原料。

● 赤霞珠皮厚而果实细小，本身带有黑加仑子、黑莓子等香味，由于丹宁太高，必须利用其他葡萄来中和它强劲的干涩度。

● 黑皮诺又叫黑品乐，原产自法国勃艮第，是该区唯一的红色葡萄品种。由黑皮诺酿造而成的葡萄酒，香气细腻，酒质丰富充实，容易入口，味略带杏仁香味。

● 梅洛又叫美乐、美露辄，原产自法国波尔多，以果香著称，酒精含量高，单宁质地较柔顺，口感以圆润厚实为三，酸度较低。

● 西拉原产于法国，也是澳洲最重要的葡萄品种，酿制出来的葡萄酒色泽深黑、香醇浓郁、富有变化性，带点胡椒的辛辣味。

白色品种的酿造葡萄比较常见的有莎当妮（Chardonnay）、雷司令（Riesling）、苏维翁白（Sauvignon Blanc）、塞米雍（Semillon）等。

● 莎当妮又叫霞多丽，原产自勃艮第，是目前全世界最受欢迎的酿酒葡萄，以制造干白酒及气泡酒为主。

● 雷司令有淡雅的花香混合植物香，常伴随蜂蜜及矿物质香味，酸度强，能与酒中的甘甜口感相平衡。

● 苏维翁白又称为长相思，所产葡萄酒酸味强，辛辣口味重，酒香浓郁且风味独具，非常容易辨认。

● 塞米雍又叫赛美容，以生产贵腐白酒著名。

市面上大多数以单一品种酿造的葡萄酒，或者主要酿造品种在 75% 以上的葡萄酒都会以葡萄品种来命名葡萄酒，这样就可以根据酿造葡萄的风味口感来选择葡萄酒。除此之外，葡萄酒还可以用生产葡萄酒的酒庄、名人人名、传奇故事等来命名。

一般情况下，在法国，葡萄酒大都用酒庄名字和葡萄园命名酒款，像大家熟知的拉菲就是以酿造它的酒庄的名字来命名的。

另外，一些葡萄酒也会用名人的名字命名，一般都是对酒庄有卓越贡献的人，可以是酒庄庄主或创始人，如罗伯特·蒙大维（Robert Mondavi）；也可以是其他的重要人物，更可以是某个著名的历史人物，我们最熟悉的就是美国纳帕姚明酒庄酿造的"姚明酒（YaoMing）"了。

此外某些高档的葡萄酒还会用故事来命名，比如智利的甘露红魔鬼酒款。红魔鬼起初是甘露酒庄的创始人魔爵为他自己保留的一批自酿的最好的酒，为了使别人远离自己的珍藏，他散布了酒庄是魔鬼居住的地方的传言，于是就有了红魔鬼酒窖和红魔鬼酒。

（2）葡萄酒分类

①按照颜色分类，葡萄酒可以分为红葡萄酒（Red Wines）、白葡萄酒（White Wines）和桃红葡萄酒（Rose Wines）。

●红葡萄酒

红葡萄酒是由红葡萄品种压榨、浸皮后，带皮发酵而来的葡萄酒。在发酵过程中，酒液可以充分萃取果皮中的颜色和风味物质，呈现紫红、宝石红、石榴红、茶红色甚至红棕色等各种不同深度的颜色，室温下饮用，带有较为丰富的口感特征。

●白葡萄酒

白葡萄酒通常会由白葡萄品种破皮压榨后，不带皮发酵制成。白葡萄酒酒液颜色大多浅淡，多为柠檬绿色、柠檬色、金黄色、琥珀色甚至棕色等。有时候，白葡萄酒也可以经红葡萄品种去皮压榨后发酵而来。白葡萄酒饮用前需降温处理，饮用时口感爽口清香，还有健胃去腥功效。

●桃红葡萄酒

桃红葡萄酒大多由红葡萄品种酿制，由于葡萄浸皮时间短，所萃取的色素有限，因而颜色大多介于红白葡萄酒之间，常呈粉色、三文鱼色甚至橘红色。一些果皮呈粉色的白葡萄品种也可用来酿制桃红葡萄酒，比如灰皮诺（Pinot Grigio）。

② 按照含糖量的高低分类，可以分成干型（Dry Wines）、半干型（Semi-dry Wines）、半甜型（Semi-sweet Wines）和甜型（Sweet Wines）。

●干型葡萄酒中的自然含糖量小于或等于 4g/L，也就是不甜的葡萄酒。当总糖与总酸（以酒石酸计）的差值小于或等于 2g/L 时，含糖量最高为 9g/L 的葡萄酒也称作干型葡萄酒。

●半干型葡萄酒的含糖量大于干型葡萄酒，最高可以到 12g/L，或者当总糖与总酸（以酒石酸计）的差值小于或等于 2g/L 时，含糖量最高为 18g/L 的葡萄酒也属于半干型葡萄酒。

●半甜型葡萄酒的含糖量大于半干型葡萄酒，最高不超过 45g/L。

●甜型葡萄酒的含糖量大于 45g/L。

③ 按二氧化碳压力分类，葡萄酒还可以分为静止葡萄酒（Still Wines）和起泡酒（Sparkling Wines）。

●静止葡萄酒通常指的是在 20℃ 时，二氧化碳压力小于 0.05MPa 的葡萄酒，这种葡萄酒几乎不含二氧化碳，是市面上最常见的一种葡萄酒。

●起泡酒和静止酒相对，通常指的是在 20℃ 时，二氧化碳压力大于或等于 0.05MPa 的葡萄酒。

根据起泡程度的不同，起泡酒还可以细分为以下两类：

高泡葡萄酒（Sparkling Wines）：在 20℃ 时，经自然发酵产生的二氧化碳压力大于或等于 0.35MPa 的起泡酒。其中，当酒瓶容量小于 250mL 时，二氧化碳压力大于或等于 0.3MPa 的葡萄酒也可称作高泡葡萄酒。

低泡葡萄酒（Semi-sparkling Wines）：在 20℃ 时，瓶内二氧化碳压力处于 0.05～0.34MPa 之间的葡萄酒。

起泡酒中最著名的就是香槟，法国政府以法律形式规定，只有法国香槟地区生产的起泡酒才有资格被称为香槟酒，世界上其他地区生产的就只能叫气泡葡萄酒。

④ 根据葡萄酒在生产过程中采取的特殊酿造工艺，还可以将其分成加强葡萄酒（Fortified Wines）、加香葡萄酒（Aromatized Wines）、加气葡萄酒（Carbonated Wines）和无醇葡萄酒（Non-Alcoholic Wines）四类。

● 加强葡萄酒指的是在葡萄酒发酵过程中或发酵完成后加入白兰地（Brandy）等烈酒或酒精，强化葡萄酒酒精度后制得的葡萄酒，雪利（Sherry）、波特（Port）和马德拉（Madeira）都是典型代表。

● 加香葡萄酒是以葡萄酒为基酒，浸泡芳香植物或加入芳香植物的浸出液等制成的葡萄酒，味美思酒（Vermouth）就是以白葡萄酒为主要成分，加上二十多种不同香料配制而成的一款典型加香型葡萄酒。

● 加气葡萄酒不是起泡酒，酒中所含二氧化碳不是由发酵产生，而是部分或全部由人工添加，具有同起泡酒相似的物理特征。

● 无醇葡萄酒又称"脱醇葡萄酒"，指的是葡萄经发酵、陈酿、去杂和脱醇等特殊工艺制得的葡萄酒，酒精含量非常低，甚至接近于 0%。

（3）侍酒

① 侍酒师

侍酒师（Sommelier）是指在宾馆、餐厅里负责酒水饮料的侍者，也是邮轮餐厅的一个重要岗位。所侍的酒，大多数是葡萄酒。与葡萄酒大师（Master of Wine）不同，侍酒师更重视在酒店或餐厅内侍酒服务的专业水平。

● 一个好的侍酒师一定要流畅地完成一整套葡萄酒的服务程序，包括送酒单、接订单、客人验酒、开瓶、倒酒等。

● 递酒单需要按女士优先、主人优先的原则，若客人有指定点单，则直接将酒水单打开至第一页，递给该客人。

● 接受客人订单时要迅速记下客人点的酒水，客人无所适从时应予以善意的推销。客人点完酒后，应清楚地重复一遍客人点的酒水。

● 当客人点完酒后，将酒送到客人面前，让客人实际检查一下。示酒前应擦净酒瓶外表的灰尘，并检查酒标是否清洁完整，给客人查看时应将酒标朝着客人。

● 倒酒前需在主人杯中倒少许，让主人先品尝，得到许可后，从主人右侧的客人开始按顺时针方向给客人斟酒。

② 侍酒过程注意事项

● 选择正确的葡萄酒杯。

葡萄酒杯主要分为红葡萄酒杯、白葡萄酒杯和香槟酒杯三类，名字上就可以区分这三款酒杯所盛装的酒品。

红葡萄酒杯分为两种，一种是高脚杯，适合用来闻红葡萄酒的气味，又被叫作波尔多酒杯；一种是杯肚比较大的，称为勃艮第杯，比较适合用来盛装果香比较浓的红葡萄酒。持杯时，可以用拇指、食指和中指捏住杯颈，避免手指碰到杯身，手部温度影响葡萄酒口感。

白葡萄酒杯又叫雷司令杯，比波尔多杯稍小。和红酒杯一样，持杯时，用拇指、食指和中指捏住杯颈，避免手指碰到杯身，手部温度影响葡萄酒口感。

香槟杯（图3-56）分为三类，一种是比较深的郁金香杯，这种杯子造型和郁金香比较像，纤长的杯身能让酒中气泡上升过程加长；另一种是笛形杯，杯身可令酒的气泡不易散掉，令香槟更可口；最后是比较浅的浅碟杯，多用于宴会的香槟塔，也可以用来盛装鸡尾酒。

● 一定要用右手拿瓶给客人斟酒，并且右手牢牢握住酒瓶底部，切勿捏住瓶颈。

● 倒酒后要后转一下酒瓶，让瓶口剩余酒水滴入杯中。

● 在询问客人意见后再给客人添酒。

● 斟酒时，红葡萄酒倒1/2杯，白葡萄酒倒2/3杯，不要斟太满。

图3-56　香槟杯

③ 品酒

除了好的服务外，一个好的侍酒师还应该会品酒（Wine Tasting）。

首先，看。从酒杯正上方看，看酒体是否清澈，如果酒体浑浊，那葡萄酒的品质就不会很好。还可以从酒杯正侧方的水平方向看，摇动酒杯，看酒从杯壁均匀流下时的速度。酒越黏稠，流速越慢，酒质越好。另外，把酒杯侧斜45°角观察，如果酒与杯壁结合部有一层水状体，越宽则表明酒的酒精度越高。在这个水状体与酒体结合部，能出现不同的颜色，从而显示出酒的酒龄。蓝色和淡紫色说明酒龄在3至5年，红砖色表示酒龄5至6年，琥珀色8至10年，而橘红色说明葡萄酒过期变质了。

第二步，闻。闻酒前最好先呼吸一口室外的新鲜空气，然后把杯子倾斜45°角，鼻尖探入杯内闻酒的原始气味。偏嫩的酒闻起来尚有果味。陈酿的酒会有复合的香味。摇动酒杯后，迅速闻酒中释放出的气味，看它和原始气味比是否稳定。

最后，品。先喝一小口，在口中打转，如果酒中的单宁含量高，口中会有干涩的感觉，因为单宁有收敛作用，这说明葡萄酒还没有完全成熟。最好是口感酸、甜、苦、咸达到平衡。吐出或咽下酒液后，看口中的留香如何。

三、蒸馏酒

蒸馏酒是将经过发酵的原料加以蒸馏提纯，从而获得有较高酒精含量的液体。蒸馏酒根据原料的不同，大致可分为以下七类。

1. 威士忌

威士忌酒是用预处理过的谷物制造的蒸馏酒，是以大麦、黑麦、玉米等为原料，经过发酵蒸馏后放入木制的酒桶中陈化而酿成的一种最具代表性的蒸馏酒。

不同国家和地区有不同的生产工艺，威士忌酒以苏格兰、爱尔兰、加拿大和美国等四个地区的产品最具知名度。

苏格兰威士忌（Scotch Whisky）是用经过干燥、泥炭熏焙产生独特香味的大麦芽酿造制成。苏格兰威士忌具有独特的风格，色泽棕黄带红，清澈透亮，气味焦香，带有浓烈的烟熏味。名牌有：尊尼获加（Johnnie Walker）、芝华士（Chivas Regal）、百龄坛（Ballantine's）、金铃（Bell's）、老牌（Old Parr）、特级（Something Special）、帝王（Dewar's）等。

爱尔兰威士忌（Irish Whisky）是以大麦、燕麦及其他谷物为原料酿造的，经三次蒸馏并在木桶中陈化 8～15 年，风格与苏格兰威士忌接近，最明显的区别是没有烟熏的焦味，口味绵柔，适合做混合酒。名牌有：尊美醇（John Jameson）、波威士（Power's）、老布什米尔（Old Bushmills）、图拉多（Tullamore D.E.W）等。

加拿大威士忌（Canadian Whisky）由玉米制成，口味比较清淡，是在加拿大政府管理下蒸酿、贮藏、混合和装瓶的。名牌有：加拿大俱乐部（Canadian Club）、皇冠（Crown Royal）、施格兰特酿（Seagram's V.O）等。

美国威士忌（American Whisky）最出名的代表是波本威士忌（Bourbon Whiskey），主要原料是玉米和大麦。其名牌有：四玫瑰（Four Roses）、杰克丹尼（Jack Daniel）、占边（Jim Beam）等。

面试相关英语

Introduction of Whisky

Whisky or whiskey is a type of distilled alcoholic beverage made from fermented grain mash. Various grains are used for different varieties, including barley, corn, rye and wheat. Whisky is typically aged in wooden casks, generally made of charred white oak.

2. 金酒

金酒，也被称为琴酒或者杜松子酒（Geneva），是一种加入香料的蒸馏酒。可分为荷兰式金酒和英国式金酒两类。

荷兰式金酒采用大麦、麦芽、玉米、稞麦等为原料，经糖化发酵后蒸馏，在蒸馏时加入杜松子果和其他香草类，经过两次蒸馏而成。荷兰式金酒色泽透明清亮，香味突出，风格独特，适宜于单饮。著名品牌有：波尔斯（Bols）、波克马（Bokma）、汉克斯（Henkes）等。

英国式金酒也被称为干金酒，英国式干金酒（London Dry Gin）采用稞麦、玉米等为原料，经过糖化发酵后放入连续式蒸馏酒器中，蒸馏出酒精度很高的酒液后加入杜松子和其他香料，再次放入单式蒸馏酒器中蒸馏而成。酒液无色透明，气味奇异清香，口感醇美爽适。较流行的名牌有：哥顿金酒（Gordon's）、将军金酒（Beefeater）、布多斯金酒（Booth's）和添加利金酒（Tanqueray）。

面试相关英语

Introduction of Gin

Gin-distilled from grain, barley or maize with the additional of juniper berries for flavor.

3. 伏特加

伏特加可以用任何可发酵的原料酿造，如马铃薯、大麦、黑麦、小麦、玉米、甜菜、葡萄甚至甘蔗。其最大的特点是不具有明显的特性、香气和味道。

伏特加酒分两大类，一类是无色、无杂味的上等伏特加，另一类是加入各种香料的伏特加。知名品牌有：皇冠（Smirnoff）、绝对（Absolut）、灰雁（Grey Goose）、无极（Level）等。

面试相关英语

Introduction of Vodka

A neutral spirit distilled from grain, colorless, no aroma or taste, no flavored.

4. 朗姆酒

朗姆酒主要以甘蔗为原料，经发酵蒸馏制成，大多数产于热带地区。按颜色可分为三类：白朗姆酒（Silver Rum）、金朗姆酒（Golden Rum）和黑朗姆酒（Dark Rum）。知名品牌有：百加得（Bacardi）、美亚士（Myers's）、摩根船长（Captain Morgan）。

面试相关英语

Introduction of Rum

Distilled from the fermented of sugar cane juice and sugar cane molasses. Dark Rum often has caramel added color.

5. 龙舌兰

龙舌兰酒也称为特基拉酒，制造原料是生长在墨西哥的龙舌兰。这种植物在墨西哥境内有400多种，但蓝色的龙舌兰（Blue Agave）是龙舌兰酒的最佳酿造品种。龙舌兰酒呈琥珀色，香气奇异，口味浓烈。

常见的品牌有：奥美加（Olmeca）、白金武士（Conquistador Silver）、豪帅快活（Jose Cuervo）等。

面试相关英语

Introduction of Tequila

Tequila is a specialty of Mexico and is called the soul of Mexico. Tequila is made from agave, with strong taste and unique aroma.

6. 白兰地

白兰地酒指以水果为原材料制成的蒸馏酒，狭义上讲，是特指葡萄发酵后经蒸馏而得到的高度酒精，再经橡木桶贮存而成的酒。以其他水果原料酿成白兰地，需要加上水果的名称，如苹果白兰地、樱桃白兰地等。

法国是世界上首屈一指的白兰地生产国。法国人引以为豪的白兰地叫干邑（Cognac），是世界上同类产品中最受欢迎的一种，有白兰地之王之称。干邑原是法国南部一个古老城市的名称。法国人认为，只有在这一地区酿造并选用当地优质葡萄为原料的酒才可以称作干邑。法国白兰地用字母或星印来表示白兰地酒贮存时间的长短，贮存时间越久越好。

干邑在上市前需在橡木桶中陈酿至少 2 年。VS、VSOP、Napoleon 和 XO 是干邑的四个等级。

VS（Very Special）或三星：该等级表示干邑所用的混酿酒液中最年轻的酒液在橡木桶中至少存放了 2 年。

VSOP（Very Superior Old Pale）或五星：该等级表示干邑所用的混酿酒液中最年轻的酒液在橡木桶中至少存放了 4 年。

Napoleon：该等级表示干邑所用的混酿酒液中最年轻的酒液在橡木桶中至少存放了 6 年。

XO（Extra Old）：该等级表示干邑所用的混酿酒液中最年轻的酒液在橡木桶中至少存放了 10 年。与 XO 最低陈酿期同为 10 年的等级名称，还包括 Hors d'Age、Extra 等。

目前世界上最有名的白兰地有：马爹利（Martell）、轩尼诗（Hennessy）、人头马（Remy Martin）、拿破仑（Courvoisier）等。

 面试相关英语

Introduction of Brandy

a strong alcoholic drink made from wine and sometimes flavored with fruits. Brandy is brewed in many countries all over the world, but Cognac, the most famous brandy, is only produced in French cognac producing areas.

7. 中国白酒

中国白酒一般以小麦、高粱、玉米等原料经发酵、蒸馏、陈酿制成。中国白酒品种繁多，有多种分类方法，但较少出现在西式餐桌。

 面试相关英语

Introduction of Chinese Baijiu

The technology of Chinese Baijiu is much more complicated than that of distilled liquor in other countries in the world, with various raw materials and names. Chinese Baijiu is white, crystal clear, colorless and highly alcoholic.

四、配制酒

配制酒也称混配酒，是以酿造酒、蒸馏酒或食用酒精为酒基，加入各种天然或人造的原料，经特定的工艺处理后形成的具有特殊色、香、味、型的调配酒。主要可以分成三类，开胃酒、甜食酒和利口酒。加强葡萄酒和加味葡萄酒也可以算作是配制酒。

1. 开胃酒 / 餐前酒

开胃酒 / 餐前酒（Aperitif）在餐前喝了能够刺激胃口、增加食欲。传统的开胃酒品种大多是味美思（Vermouth）、比特酒（Bitters）、茴香酒（Anisés），这些酒大多加过香料或一些植物性原料，用于增加酒的风味。现代社会，槟酒、威士忌、金酒、伏特加以及某些品种的葡萄酒和果酒都能够作为开胃酒饮用。

（1）味美思酒是以白葡萄酒为主要成分，加上二十多种不同香料配制而成的一款典型加香型葡萄酒。

（2）比特酒又称苦酒或必打士，从古药酒演变而来，有苦味和药味，有滋补作用。酒精度在 16% ～ 40% 之间。著名的比特酒产于法国、意大利等国，其品种有：意大利康巴利（Campari）、法国杜宝奶（Dubonnet）、意大利西娜尔（Cynar）、法国苦波功（Amer picon）、法国安格斯特拉（Angostura）。

（3）茴香酒是用茴香油与食用酒精或蒸馏酒配制的酒，有无色和有色之分，酒液光泽较好，茴香味浓郁，口感不同寻常，味重而有刺激，酒精度在 25% 左右。最常见的牌子有潘诺（Pernod）、里卡（Ricard）、卡萨尼（Casanis）、加诺（Janot）、卡尼尔（Granier）等。

2. 甜食酒

甜食酒（Dessert Wine）一般是西餐在用甜食时饮用的酒品，大多以葡萄酒为主酒，口味甜。常见的有波特酒、雪莉酒、马德拉酒等。

（1）波特酒（Port/Porto）属于加强葡萄酒，酒精度为 17% ～ 22%，由于葡萄汁没发酵完就终止了发酵，所以波特酒都是甜的。

（2）雪莉酒（Sherry）也属于加强葡萄酒，酒精度为 18% ～ 20%，味道清新、醇美甘甜。

（3）马德拉酒（Madeira）与雪莉和波特一样，属于加强葡萄酒，酒精度为 18% ～ 19%，产于大西洋中的马德拉岛，用当地产的葡萄酒和蒸馏酒为基酒勾兑而成。酒色从淡琥珀色到暗红褐红，味型从干型到甜型。

3. 利口酒

利口酒（Liqueur）又称为餐后甜酒，是一种以食用酒精和其他蒸馏酒为主酒，配以各种调香材料，并经过甜化处理的含酒精饮料，多在西餐餐后饮用，能起到帮助消化的作用。

利口酒按照配制时所用的调香材料，可以分为果实利口酒、药草利口酒和种子利口酒。

利口酒按照风味特点，还可以分为柑橘类利口酒、樱桃类利口酒、桃子类利口酒、奶油类利口酒、香草类利口酒、咖啡类利口酒等。除上述几大类风味特点十分显著的酒品外，还有其他很多种独具特色的利口酒。

面试相关英语

> A liqueur is an alcoholic beverage made from a distilled spirit that has been flavored with fruit, cream, herbs, spices, flowers or nuts and bottled with added sugar or other sweetener（such as syrup）.

五、鸡尾酒

鸡尾酒（Cocktail）（图3-57）是以一种或者一种以上的酒作为基酒，加上其他的辅料调配而成的，其中基酒一般为中性或者烈性，是鸡尾酒的主体，通常作为基酒的可以是白兰地、威士忌、金酒、伏特加、朗姆、龙舌兰，还有中国的高度白酒。辅料作为鸡尾酒的和缓剂，可以使得鸡尾酒更爽口，更清香，更漂亮，常见的辅料有各种果汁、奶油以及利口酒等。

图3-57　鸡尾酒

面试相关英语

> Cocktail is alcoholic mixed drink.Cocktail may mean any beverage that contains three or more ingredients if at least one of those ingredients is alcohol.
> Cocktail = Spirit + mixer（soda or fruit juice）（+ garnish）

鸡尾酒从问世以来就一直深受世人喜爱，作为酒吧主要的收入来源之一，酒吧的各级调酒师和服务人员都要对各类鸡尾酒有深刻的了解，首先要先了解鸡尾酒的分类。

1. 按时间和场合分类

鸡尾酒按照饮用时间和场合可分为餐前鸡尾酒、餐后鸡尾酒、晚餐鸡尾酒、派对鸡尾酒和夏日鸡尾酒等。

（1）餐前鸡尾酒

餐前鸡尾酒又称为餐前开胃鸡尾酒，主要是在餐前饮用，有生津开胃的作用，这类鸡尾酒通常含糖分较少，口味或酸或干烈，即使是甜型餐前鸡尾酒，口味也不是十分甜腻，常见的餐前鸡尾酒有马天尼（Martini）、曼哈顿（Manhattan）、酸酒（Sour）等。

（2）餐后鸡尾酒

餐后鸡尾酒是餐后佐助甜品、帮助消化的，因而口味较甜且酒中使用较多的利口酒，尤其是香草类利口酒，这类利口酒中掺了诸多药材，饮后能促进消化，常见的餐后鸡尾酒有 B&B、史丁格（Stinger）、亚历山大（Alexander）等。

（3）晚餐鸡尾酒

晚餐鸡尾酒（图 3-58）是晚餐时佐餐用的鸡尾酒，一般口味较辣，酒品色泽鲜艳，且非常注重酒品与菜肴口味的搭配，有些可以作为头盘、汤等的替代品，在一些较正规和高雅的用餐场合，通常以葡萄酒佐餐，而较少用鸡尾酒佐餐。

图3-58　晚餐鸡尾酒

（4）派对鸡尾酒

这是在一些派对场合使用的鸡尾酒品，其特点是非常注重酒品的口味和色彩搭配，酒精含量一般较低。派对鸡尾酒既可以满足人们交际的需要，又可以烘托各种派对的气氛，很受年轻人的喜爱。常见的酒有破晓时刻（Tequila Sunrise）、自由古巴（Cuba Libre）、马颈（Horse's Neck）等。

（5）夏日鸡尾酒

夏日鸡尾酒（图 3-59）清凉爽口，具有生津解渴之妙用，尤其是在热带地区或盛夏酷暑时饮用，味美怡神，香醇可口，如冷饮类酒品柯林斯（The Collins）、农场宾治（Plantation Punch）、长岛冰茶（Long Island Iced Tea）等。

图3-59 夏日鸡尾酒

2. 按长饮和短饮分类

鸡尾酒按照饮用时间,可分为长饮和短饮两大类。

(1) 长饮

长饮(Long Drink)是用烈酒、果汁、汽水等混合调制,酒精含量较低的饮料,是一种较为温和的酒品,可放置较长时间不变质,因而消费者可长时间饮用,故称为长饮。

长饮鸡尾酒会兑上苏打水、果汁等,所以几乎全都是用平底玻璃酒杯或果汁杯这种大容量的杯子。

长饮鸡尾酒是加冰的冷饮,也有加开水或热奶趁热喝的热饮,尽管如此,一般认为30分钟左右饮用为好。与短饮相比大多酒精浓度低,所以容易喝。依制法不同而分若干种。长饮鸡尾酒有以下类型。

- 柯林斯是在烈性酒中加柠檬汁和砂糖或糖浆,再加满苏打水。
- 酷乐(Cooler)是烈性酒中加柠檬、酸橙的果汁和甜味料,再加满苏打水或姜麦酒。Cooler即清凉饮料之意,也可以以葡萄酒为基酒,饮用时可以不用吸管。
- 菲利普(Flip)是在葡萄酒、烈性酒中加鸡蛋、砂糖。喜欢的话最后撒上点肉豆蔻,有冷热两种。
- 普斯咖啡(Pousse-Café)是把任何种类的烈性酒、甜露酒、鲜奶按密度的大小依次倒进杯子,使之不混合在一起。
- 宾治是以葡萄酒、烈性酒为基酒,加入各种甜露酒、果汁、水果等制成的。作为宴会饮料,多用混合香甜饮料的大酒钵调制。几乎都是冷饮,但也有热的。
- 酸味鸡尾酒(图3-60)是在烈性酒中加柠檬汁、砂糖等的类型。此酒在美国原则上不用苏打水,其他国家有用苏打水和香槟酒的。

(2) 短饮

短饮(Short Drink)是一种酒精含量高、分量较少的鸡尾酒,饮用时通常可以一饮而尽,不必耗费太多的时间,马天尼、曼哈顿等均属此类。

图3-60 酸味鸡尾酒

此种酒采用摇动或搅拌以及冰镇的方法制成，使用鸡尾酒杯。一般认为鸡尾酒在调好后 10～20 分钟饮用为好。大部分酒精度数是 30% 左右。短饮鸡尾酒有以下类型。

● 马天尼是传统的标准鸡尾酒。酒度高，可作为餐前饮品，有开胃提神之效。基酒是金酒，如果用干味美思则为干马天尼；加入甜味美思则为甜马天尼；如果一半干味美思一半甜味美思，则为中性马天尼或完美马天尼。如果装饰物用珍珠洋葱（Cocktail Onion）替代橄榄（Olive）就叫吉布森（Gibson）。

● 曼哈顿是最经典的鸡尾酒之一。做法是用 40mL 威士忌、20mL 味美思酒，再加点苦味利口酒，将所有配料倒入一个装有冰块的玻璃杯中，搅拌均匀后倒入鸡尾酒碟，最后加入一颗樱桃点缀。口感强烈而直接，因此也被称为"男人的鸡尾酒"。

3. 按酒基品种分类

按照调制鸡尾酒酒基品种可以对鸡尾酒进行分类。

● 以金酒为酒基的鸡尾酒，如：金菲斯、阿拉斯加、新加坡司令（图3-61）等。
● 以威士忌为酒基的鸡尾酒，如：老式鸡尾酒（图3-62）、罗伯罗伊、纽约等。

图3-61 新加坡司令　　　　图3-62 老式鸡尾酒

- 以白兰地为酒基的鸡尾酒，如：亚历山大（图3-63）、阿拉巴马、白兰地酸酒等。
- 以朗姆为酒基的鸡尾酒，如：百家地鸡尾酒（图3-64）、得其利、迈泰等。

图3-63　亚历山大

图3-64　百家地鸡尾酒

- 以伏特加酒为酒基的鸡尾酒，如：黑俄罗斯、血玛丽、螺丝钻（图3-65）等。
- 以龙舌兰酒为酒基的鸡尾酒，如：玛格丽塔、龙舌兰日出、恶魔等。
- 以中国酒为酒基的鸡尾酒，如青草、梦幻洋河（图3-66）、干汾马提尼等。

图3-65　螺丝钻

图3-66　梦幻洋河

模块三 国际邮轮岗位专业知识

专题三　客舱专业知识

📖 学习目标

▶ 知识目标

（1）了解客舱类型及客舱各岗位职责；
（2）了解客舱清洁服务中各环节的具体步骤；
（3）了解夜床服务的内容和注意事项；
（4）了解解决客人投诉的原则和步骤。

▶ 技能目标

（1）分析客舱各岗位职责对入住体验的影响；
（2）分析客舱清洁服务流程的合理性；
（3）分析夜床服务的中外差异；
（4）分析怎样平衡客人满意度与邮轮利益。

▶ 素质目标

（1）树立严谨的规范意识和制度意识；
（2）培养不卑不亢、落落大方的工作态度和文明服务的意识。

🔄 专题导入

邮轮像是一座海上的移动豪华酒店，又与普通酒店有着很大的不同。在服务标准上，与酒店标准一致，但却更严格更豪华。邮轮客舱清洁服务是邮轮豪华服务的最直接体现，除了干净整洁的房间，还包括卫生间的清洁整理以及清洁车的干净有序。夜床服务是高星级酒店程序化、规范化、个性化的一个重要服务项目，也是住房整理的机会，通过整理房间、清洁卫生间、补充必需的客用品，恢复客房环境卫生，使客人感到舒适温馨。邮轮管理与服务的工作目标是使每位客人都满意，但每个客人对服务的需求多种多样，因此，出现客人投诉的情况不可避免。怎样能通过自己的服务把投诉带来的消极影响转为积极影响？怎么样能防止类似的投诉不再发生？请熟记本专题涉及的邮轮客舱的类型及岗位职责；客舱清洁要求和步骤；夜床服务内容和步骤以及处理客人投诉的步骤和原则。

第一节　客舱概述

一、客舱的类型

邮轮像是一座海上的移动豪华酒店，像酒店有客房一样，邮轮中客房被称为客舱（Cruise Cabin）。按照房间类型，客舱主要分为4种类型，分别是：内舱房（Inside Stateroom）（图3-67）、海景房（Ocean-view Stateroom）（图3-68）、露台海景房（Ocean-view Stateroom with Balcony）（图3-69）和套房（Suite）（图3-70）。

按照人数划分，可以分为单人间（Single Room）、大床房（Queen Room）、标准双人间（Twin Room）、三人间（Triple Room）等。邮轮三、四人房的第三、四张床可能是下拉床或沙发床，主要适用于儿童。邮轮客舱一般会以"类型+人数"的形式来进行划分，如内舱双人房、海景三人房等。了解了客舱的分类，就能很好地规划客舱服务，事半功倍。

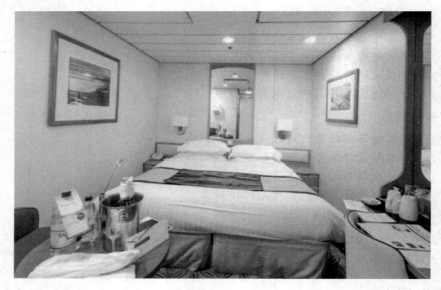

图3-67　内舱房

图3-68　海景房

图3-69 露台海景房

图3-70 套房

> ### The types of staterooms
>
> - Inside Stateroom
>
> Inside Stateroom is the least expensive one without window, located in the interior of the ship.
>
> - Ocean view Stateroom
>
> Ocean view Stateroom is slightly more expensive, it has windows but cannot open.
>
> - Ocean view Stateroom with Balcony
>
> Ocean view Stateroom with Balcony includes a veranda that allows you to step outside without going up to a public deck.
>
> - Suite
>
> Suite is the highest prices. It is a larger cabin, often with separate living and sleeping areas, and a wide variety of extra amenities and perks.

二、客舱岗位职责

客舱部是邮轮上非常重要的部门。客舱部每天都会使用检查表等来控制客房洁净程度。检查表等标准的设置就是为了确保向所有客人展示相同质量的客房，并且确保客人每次光临时标准都是一致的。

客舱部不仅要保持房间清洁，还要保持邮轮公共区域的清洁。客舱部还负责所有的衣物、布草的清洁和修护，比如破损的床罩。

 面试相关英语

> ### Duties of Housekeeping
>
> - Follow guidelines or quality controls to prepare rooms for guests;
> - Launder and repair linens;
> - Make sure building, furniture, floors, and all public areas are clean.

由于各邮轮客舱部规模不同，岗位设置各有特色，以下介绍一下客舱部的主要岗位及职责。

1. 客舱部经理

邮轮客舱部经理（Housekeeping Manager）受邮轮总经理、副总经理的领导，管理邮轮客舱部主管、部门文员，为乘客和邮轮员工提供清洁、宜人、舒适的环境，以工作成效对邮轮总经理负责（表3-1）。

表3-1　客舱部经理工作说明表

职务名称	部门	上级主管	直属下级
客舱部经理	客舱部	副总经理	客舱部各区域主管

具体职责如下：
（1）保证楼层客舱的正常运转和所属公共区域的清洁卫生。
（2）全权负责客舱部的运作控制，负责管理客舱部所有事务。
（3）具有良好的计划、组织和控制能力。
（4）对客舱部所有人员进行适当的培训、鼓励和监督，合理分配和布置工作任务，分析部门成本，及时解决问题，最大程度提高部门的生产效率和质量水平。

2. 楼层主管

楼层主管（Floor Supervisor）受客舱部经理领导，管理客舱服务员；负责客舱楼层的运营与管理，对客舱部经理负责（表3-2）。

表3-2　楼层主管工作说明表

职务名称	部门	上级主管	直属下级
楼层主管	客舱部	客舱部经理	楼层领班

具体职责如下：
（1）负责督导和管理楼层日常工作的开展。
（2）帮助培训和鼓励员工以高质量标准满足宾客需要，监督检查工作程序及标准，处理相关工作问题。
（3）贯彻客舱部经理的决策、决定和指令，实施本部门的工作计划，及时向上级报告完成情况。

3. 邮轮公共区域主管

邮轮公共区域主管（PA Supervisor）受邮轮客舱部经理领导，管理公共区域清洁员，负责公共区域的服务与管理（表3-3）。

表3-3　邮轮公共区域主管工作说明表

职务名称	部门	上级主管	直属下级
邮轮公共区域主管	客舱部	客舱部经理	公共区域领班

具体职责如下：
（1）全面负责公共区域工作计划的制定，组织管理，保证运转。
（2）合理安排队员，分派工作。
（3）有效控制成本，确保设备的正常使用与良好保养。
（4）具有较强的清洁保养知识和相关业务能力，工作经验丰富。

4. 洗衣房主管

邮轮洗衣房主管（Laundry Supervisor）受邮轮客舱部经理领导，管理邮轮洗衣房清洁员，负责洗衣房的服务与管理（表3-4）。

表3-4　洗衣房主管工作说明表

职务名称	部门	上级主管	直属下级
洗衣房主管	客舱部	客舱部经理	洗衣房领班

具体职责如下：
（1）负责洗衣房人、财、物的全面管理，保证工作的正常运行。
（2）负责住店客人衣物和饭店员工工服的干洗、湿洗、熨烫工作。
（3）负责饭店客舱部、餐饮部棉织品的洗涤。

5. 楼层领班

邮轮楼层领班（Floor Foreman）受楼层主管领导，管理楼层服务员，负责邮轮楼层的服务与管理（表3-5）。

表3-5　楼层领班工作说明表

职务名称	部门	上级主管	直属下级
楼层领班	客舱部	楼层主管	楼层客舱服务员

具体职责如下：
（1）能够按时完成主管安排的工作任务，检查楼层服务员的仪容仪表、服务态度、操作规范，检查所有楼层房间的卫生情况和设施设备。
（2）熟悉业务标准，业务操作能力强，能够有效地安排和督导服务员完成工作任务。

6. 楼层客舱服务员

楼层客舱服务员（Room Attendant）受楼层领班领导，负责客房及客房区域（图3-71）的清洁工作。

具体职责如下：
（1）及时、周到、主动、热情地提供对客服务，满足宾客需要。
（2）保证楼层安全，有较强的安全意识，有吃苦耐劳的精神。
（3）工作勤恳、踏实，有较好的沟通及表达能力。

7. 公共区域领班

公共区域领班（PA Foreman）受公共区域主管领导，管理公共区域员工及客房服务中心文员，负责客房服务中心的服务与管理（表3-6）。

图3-71　客房区域

表3-6　公共区域领班工作说明表

职务名称	部门	上级主管	直属下级
公共区域领班	客舱部	公共区域主管	公共区域员工、客房服务中心文员

具体职责如下：
（1）督导公共区域日常工作。每天巡检所有公共区域，确保达到规定的清洁标准。
（2）正确监督和指导员工熟练掌握清洁剂、清洁工具和有关机器设备的使用和保养方法，减少磨损、消耗，控制成本。
（3）有效沟通相关部门与人员，准确提供服务，及时处理问题。
（4）具有较强的清洁保养知识和相关业务能力，工作经验丰富。

8. 公共区域员工

邮轮公共区域员工（PA Staff）在公共区域领班的领导下，负责指定区域卫生和设施设备的保养与处理。

具体职责如下：
（1）负责船上公共区域的清洁工作，包括卫生间、电梯、办公室和船员通道等。
（2）进行地毯、室内装潢、墙壁、天花板、窗帘、窗户和房间配件的清洁和维护，负责垃圾处理和客人行李运输等工作。
（3）按要求参加会议、培训活动、课程，执行其他与工作相关的任务。

9. 客房服务中心文员

客房服务中心文员（兼财管员）（Operator）受公共区域领班领导，负责客舱日常工作。

具体职责如下：
（1）负责转接并记录客人电话，准确及时地传递对客服务的信息。
（2）随时检查计算机动态，做好各种钥匙的管理和控制，负责房务中心清洁和资料归类存档工作，配合楼层做好客房业务的正常运转。
（3）具有较好的工作协调能力和沟通能力。

10. 洗衣房领班

洗衣房领班（Laundry Foreman）在洗衣房主管领导下，负责客衣收取、送回工作及其他布草的洗涤、熨烫，保证快洗衣服务的准时完成与及时送回（表3-7）。

表3-7 洗衣房领班工作说明表

职务名称	部门	上级主管	直属下级
洗衣房领班	客舱部	洗衣房主管	布草房员工

具体职责如下：
（1）负责本组员工的考勤与工作分配，监督检查操作，确保按时完成洗涤任务并做好安全、质量和数量控制。
（2）定时向上级报告洗涤用品消耗量并领取工作用品。
（3）填写生产记录，对本组员工进行指导和培训。
（4）代表本班组与其他相关班组进行沟通，协调工作。

11. 布草房员工（Linen & Uniform RM Attendant）

布草房员工受洗衣房领班领导，负责收集清洗和分配酒店客房所需的布草和制服。

具体职责如下:

(1) 负责布草的收集、送洗、验收和发送;

(2) 协助缝制酒店所需棉织品,缝补修改制服;

(3) 严格管理各项布草、制服,做到账物相符,保管好各种备用布草和一次性消耗物资,减少成本开支。

第二节　客舱清洁服务

一、客舱清洁车

1. 准备工作车和客房用品

(1) 擦拭工作车(Clean the Cart)

操作要求:将工作车(图3-72)里外擦洗干净,并检查是否损坏,如果损坏应及时通知工程部进行维修。质量标准:工作车整洁完好。

(2) 挂好布草袋和垃圾袋(Hang Up Garbage Bags)

操作要求:将布草袋和垃圾袋分别挂在工作车的两侧。质量标准:挂钩不能脱落。如图3-73所示。

图3-72　工作车

图3-73　挂好布草袋和垃圾袋

(3) 放置干净布草(Place Clean Linen)

操作要求:将干净的布草分别放入工作车的格中。质量标准:布件单口朝外,方便取用。

(4) 摆放客房用品(Placing the Supplies)

操作要求:将客房用品摆放在工作车的顶架上。质量标准:客用物品摆放美观整齐,方便拿取。

(5) 准备清洁桶和清洁用具(Cleaning Buckets and Tools)

操作要求:将清洁桶放置在工作车的最底层外侧,内放清洁用具(图3-74)。质量标准:清洁工具用品齐全。

模块三
国际邮轮岗位专业知识　141

图3-74　清洁桶和清洁工具

2. 停放工作车（Position the Cleaning Cart）

操作要求：将工作车按规范摆放。

 面试相关英语

Cleaning cart

• Cleaners may included glass cleaner, disinfectant, all purpose cleaner and air freshener.

• Bottles must be properly labeled and any caution followed before using the products.

• Gloves and goggles are required when using some chemical and they protect your hands and eyes.

• Put the cart neat and orderly throughout the day to help your work smarter.

二、进入客舱清洁的步骤

作为客舱服务员，主要的工作就是打扫客舱，打扫房间首先要进入客舱，所以首先要了解进入客舱的步骤和注意事项。进入客舱分为10个步骤：

第一步：先确认房间是否正确。（Confirm the stateroom is correct.）

第二步：查看是否悬挂"请勿打扰"字样提示牌（图3-75），如果有，则不要敲门。（Check for a "Do Not Disturb" sign. Do not knock if a sign is on the door.）

第三步：用手轻轻地敲门，并说明是客房服务。不要用钥匙敲门。（Announce presence. Knock slightly and say "Housekeeping". Do not use a key to knock on the door.）

第四步：敲完门后，等待回应，如果没有回应，则二次敲门，并说明是客房服务。（Wait for a response. If you do not hear an answer, knock again and repeat "Housekeeping".）

图3-75　房间提示牌

第五步：同样等待回应，如果仍然没有回应，则轻轻用钥匙开门，并重复说明是客房服务。（Wait a second time for a response. If you still do not receive an answer, open the door slightly and repeat "Housekeeping".）

第六步：如果客人在睡觉或在浴室，轻轻关上门，安静离开。（If the guest is asleep or in the bathroom, leave quietly and close the door.）

第七步：如果客人清醒，正在换装，则马上表示抱歉，随后离开，并关上门。（If the guest is awake but dressing, excuse yourself, leave and close the door.）

第八步：如果客人在敲门时应答，就可以询问其客舱清扫时间。（If the guest answers your knock, ask when you may clean the cabin.）

第九步：如果客舱没有人，则可以把手推车放在门前，开着门，开始进行清洁。（If the room is unoccupied, position your cart in front of the door and leave the door open. Begin cleaning.）

第十步：如果客人在你打扫的时候回来了，你可以晚点再打扫。要求查看客人的房间钥匙，以确认钥匙和房间号码是否吻合。（If the guest returns while you are cleaning, offer to finish later. Ask to see the guest's room key to verify that the key and cabin numbers match.）

三、客舱清洁流程

在顺利进入客舱后，就可以开始进行客舱清扫了。客舱清扫可以分为以下步骤：

第一步：把手推车放在门外。门保持打开状态。（Leave your trolley just outside the cabin door. The door should always be open.）

第二步：拉开窗帘。船舱内一般通过空调调节温度或者换气，不需要开窗。（Pull back the curtains. The windows in the cabin will not open, adjust the air conditioning.）

第三步：移走所有餐盘和旧报纸杂志。把餐盘拿到服务区。（Remove all meal trays plus old newspapers and magazines. Take the meal trays to the service area.）

第四步：把垃圾桶里的垃圾倒进手推车上的垃圾袋里，把烟灰缸中垃圾倒进金属桶中。（Empty the waste bins into the refuse bag on the trolley and the ashtrays into metal bin.）

第五步：冲洗马桶，清洁卫生间。（Flush the toilet and clean the bathroom.）

第六步：取下床单，把所有布草从客舱和浴室里拿出来，放到布草袋里。（Strip the bed and remove all the soiled linen from the cabin and bathroom. Put the soiled linen in the laundry bags.）

第七步：整理床铺，然后清理家具上的灰尘。（Make the bed and then damp dust the furniture.）

第八步：按照清单检查客舱内用品情况。（Check your guest supplies following

the check list.）

第九步：将空调温度调节在22℃至24℃之间。（Adjust air conditioning between 22℃ and 24℃ .）

第十步：检查所有电器是否正常运作，包括电视、收音机等，如有不正常情况要及时汇报。（Check that everything electrical is working: TV, radio, etc. Make a report on everything that isn't working properly.）

第十一步：把所有的垃圾桶和烟灰缸放回原处，地毯和软垫家具每周定期清理。（Put all waste bins and ashtrays back in place and vacuum the carpet and upholstered furniture weekly.）

第十二步：离开前检查客舱的整体外观，尤其是窗帘、枕头和装饰画。（Check the overall appearance of the cabin before you leave, especially the curtains、pillows and pictures.）

第十三步：确保房门上锁，并通知主管，房间已经清扫完毕。（Make sure that the room is locked and notify the supervisor that the room has been serviced.）

四、铺床

铺床分为中式铺床和西式铺床，两者存在较大差别。值得一提的是，大多数的外国人都不使用被套，而是在被子和床单之间再铺上一层薄薄的床单，这样将身体和被子隔绝开来。

中式铺床可以分为以下步骤：

第一步：甩单定位。一次到位，毛边向下，床单中线不得偏离床的中心线，四边下垂长度相等。（Sheet positioning. In place once, with the raw edges down and the centre line of the sheet not deviating from the centre line of the bed, with all four sides sagging in equal length.）

第二步：包角。四角成90度，同时四个角的成形与角度要一致，折叠后的成角要平整、床面要绷紧、不歪斜。（Corner wrapping. The corners are at a right angle of 90 degrees and the four corners are formed and angled in the same way, the folded corners should be flat and the bed surface should be taut and not skewed.）

第三步：套被套。将折叠好的被套放于床尾，双手迅速打开被套口，将被芯四角依次装入被套，抓住两头两个角用力抖动，使被芯完全展开。（Covering.Put the folded quilt cover at the end of the bed, open the opening of the cover with both hands quickly, put the four corners of the quilt core into the cover in turn, grab the two corners of the two ends and shake hard so that the quilt core is completely unfolded.）

第四步：床面成形。被子床头部分翻折30厘米左右，两边下垂均匀。中线不偏离床中心线。（Bed forming.The head of the quilt is folded over about 30 厘米 and sags evenly on both sides.The centre line does not deviate from the centre line of the bed.）

第五步：套枕套。四角到位，枕芯不得外露，枕头外型平整、挺括。（Pillow sacking. The corners are in place, the pillow insert is not exposed, and the pillow is flat and straight in appearance.）

第六步：放枕头。枕头居中，枕头边与床两侧距离相等，枕头开口方向一致。（Pillows placement.The pillows are centred, the pillows sides are at an equal distance from the sides of the bed and the pillows opening are in the same direction.）

西式铺床可以分为以下步骤：

第一步：将底层床单正面朝上，让中间的折痕位于床的中央。（Place the bottom sheet right side up with the middle crease in the center of the bed.）

第二步：一侧顶角包角。（Miter the top corner.）

第三步：一侧底角包角。（Miter the bottom corner.）

第四步：把底层床单一侧的其余部分完全整齐地塞于床垫下。（Tuck in the remainder of the sheet completely and neatly.）

第五步：移到床的另一边，另一侧底角包角。（Move to the other side of the bed and miter the bottom corner.）

第六步：另一侧顶角包角。（Miter the top corner.）

第七步：把该侧底层床单的剩余部分塞至床垫下，确保底层床单是紧的。（Tuck in the remainder of the sheet and ensure the bottom sheet is tight.）

第八步：回到床的另一边。将顶层床单背面朝上，铺放在床上。（Return to the other side of the bed. Place the top sheet on the bed wrong side up.）

第九步：把毛毯平铺在床上，标签位于床尾处。（Place the blanket on the bed. The label should be at the foot of the bed.）

第十步：顶层床单预留15厘米，然后翻折盖在毛毯上。（Turn 15 centimeters of top sheet over the blanket.）

第十一步：将翻折后的顶层床单和毛毯整理好后塞于床垫下。（Tuck in what you have turned over.）

第十二步：底角包角，一侧的其余部分塞于床垫下。（Miter the bottom corner and tuck in the remainder.）

第十三步：把床尾部分塞于床垫下。（Tuck in the foot of the bed.）

第十四步：另一侧底角包角。（Miter the corner on the other side of the bed.）

第十五步：将另一侧的其余部分塞于床垫下。（Tuck in.）

第十六步：将顶层床单另一侧预留的15厘米床单翻折，盖在毛毯上，然后塞好。（Turn 15 centimeters of top sheet over the blanket and finish tucking in.）

第十七步：把枕头整齐地放在床上。把开口的一端放在远离客人视线的地方。（Place the pillow neatly on the bed. Place the open end away from the guest's view.）

第十八步：去到床脚，铺上床罩。（Go to the foot of the bed. Throw on the bed sheet.）

第十九步：完成铺床，确保干净整洁。（Finish the bed. Make sure it is neat.）

五、清洁卫生间

卫生间（图3-76）是客人最容易挑剔的地方，也是客房清扫整理难度最大的地方，必须严格按操作规程清洁，使之达到规定的卫生标准。

1. 卫生间清洁步骤

（1）洗（Washing）
- 清洗前要戴上手套。
- 进入卫生间要先开灯，再开排风扇。

图3-76 卫生间

- 放水冲净马桶，在马桶内倒入清洁剂。
- 撤出用过的棉织品并核对数目看有无短缺，撤出用过的口杯，把浴室各个角落的垃圾收到垃圾桶倒掉，换上干净的垃圾袋。
- 将烟灰缸、皂碟清洗后放回原处。
- 使用专用清洁剂和消毒剂分别对面盆、玻璃台面、浴缸和马桶进行刷洗和消毒，再用清洁剂把淋浴房玻璃门和墙壁刷洗一遍并冲干净。
- 用专用抹布擦干擦亮面盆、玻璃台面及周围墙壁、镜面、毛巾架、电话副机、浴缸及周围墙壁、淋浴房和马桶，尤其注意房间的不锈钢物品，一定不能有水迹，必须擦亮，并要注意下水口部位必须无脏物，流水通畅。

（2）补（Supplement）

- 补充毛巾，按照规定办法折叠、摆放。摆放时标志均应朝外。
- 补充卫生间各种低值易耗品（图3-77）（肥皂、牙具、浴液、洗发液、梳子、面巾纸、卫生卷纸及卫生袋等），并按规定摆放整齐。

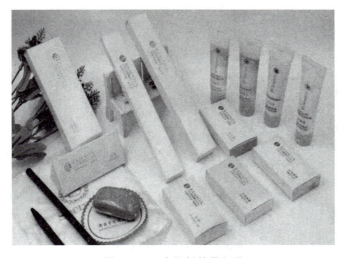

图3-77 卫生间低值易耗品

- 补充房间物品并按规格标准摆放好。
- 如住房客人耗用了房间的易耗品要及时做好更换和补充。
- 更换和补充商务楼层房间客人用过的文具。

2. 卫生间检查标准

（1）门（Door）：正反面干净、无划痕，把手亮洁，状态完好。
（2）墙面（Cover）：清洁完好，无松动、破损。
（3）镜子（Mirror）：无破裂，位置端正，镜面干净无污迹。
（4）天花板（Ceiling）：无尘无污渍，无漏水或小水泡，完好无损。
（5）地面（Floor）：清洁无污渍，无水无毛发，接缝处完好、无松动。
（6）浴缸（Bathtub）：内外清洁，镀铬件干净明亮，皂缸干净，浴缸塞、沐浴器、排水阀和开关龙头等清洁完好无滴漏，接缝干净无霉斑，浴帘干净完好，晾衣绳使用自如，冷热水压正常。
（7）洗脸盆（Washbasin）及梳妆台（Dresser）：干净、镀铬件明亮，水阀使用正常无水迹。
（8）抽水马桶（Flush Toilet）：里外清洁，使用状态好，无损坏，冲水流畅。
（9）吹风机（Hairdryer）：清洁、运转正常，噪声低，吹出无异味。
（10）客用品（Supplies）：品种、数量齐全，状态完好，摆放符合标准。

第三节　夜床服务

一、夜床服务介绍

夜床服务（Turn-down Service）的核心就是给客人营造夜晚的感觉，帮客人做足一切入睡准备。有些酒店也将这项服务叫作"开夜床"，是指通过环境的渲染增加房间的入睡指数。

1. 夜床服务的意义

夜床服务（图3-78）是一种高雅而亲切的对客服务形式，其意义主要有三点：

图3-78　夜床服务

（1）做夜床以便客人休息；
（2）整理环境，使客人感到舒适温馨；
（3）表示对客人的欢迎和礼遇规格。

2. 夜床服务内容

夜床服务时间基本在傍晚 5 点至晚上 9 点之间，尽可能选择宾客出游以及晚餐时间，以求达到"隐形"服务之极。

夜床服务分两大块内容，二次整理房间以营造入睡氛围以及赠送晚安礼物以加深入住体验感。

傍晚时分对已经入住的房间进行二次整理是大部分五星级及以上酒店都会提供的服务，除了对已经入住房间的清理、拉闭窗帘外，还会在床边铺上脚垫、床头放上饮用水和杯子、遥控器放在床头或是专门的容器里，浴室的百叶窗落下，以保证浴室和卧室的光源不会相互干扰；有的夜床服务是在浴缸边点上蜡烛、铺上毛巾，随时欢迎客人沐浴；对于被子，有些酒店只是做基础的整理，收掉床旗和多余的靠垫，有些酒店的做法是被子折角45°，或者整面平行往外翻约60cm，帮客人营造晚安入睡的前奏。放在床上（头）的各色各样的夜床小礼给客人制造惊喜，同时传递邮轮的文化含义。礼物以轻便、小巧为佳，可以作为纪念带回家去。

3. 夜床服务特色

客人生日、宝宝满月、结婚纪念日等往往是最能给夜床服务加分的。工作人员得知客人此次入住的目的后，可以趁客人入住完又离开的间隙在常规的夜床服务上增加特殊装饰。

面试相关英语

1. Introduction to Turn-down Service

Many upper scale hotels have a turn-down service in order to offer the utmost comfort to their guests.

The turn-down service involves preparing the room for the night so that a client feels at home and can easily go to bed upon returning to his room.

The turn-down service is always carried out between five and nine P.M. just before the client returns for the night.

A chamber maid or room attendant can prepare up to 10 turn-down services per hour.

2. The Content of Turn-down Service

Place turn-down amenities:

● According to the hotel procedure place the turn-down amenities on the bed. (Eg: Flower, Chocolate etc.)

● Place the Breakfast menu knob on the fold.

● Put on the bedside lamp.

Tidy the guest room:
- Look around the room and straighten or tidy anything that is out of order.
- If a room is messy it may require more extensive cleaning.
- Remove any room service tray, dishes and move them to the service pantry.
- Empty the trash cans and replace the wastebasket liners.
- Do a quick vacuum if required.

Tidy the bathroom:
- Neatly fold used towels.
- Wipe the vanity area if required.
- If required replace the bathing towel.
- Clear the dustbin if used.

Create a pleasant atmosphere:
- Turn on the bedside lamps.
- Close the drapes.
- Draw the curtains so that there is no light coming from the corners or centre.
- Set the A/C temperature to what was set by the guest.
- Double check everything, lock the room and leave the guest room.
- Update the status report.

3. Turn-down Service Dialogue

A: Good evening, madam and sir. May I do the turn down service for you now?

B: Oh, thank you. But you see we are having some friends here. We're going to have a small party here in the room. Could you come back in three hours?

A: Certainly, madam. I'll let the overnight staff know. They will come then.

B: That's fine. Well, our friends seem to be a little late. Would you tidy up a bit in the bathroom? I've just taken a bath and it is quite a mess now. Besides, please bring us a bottle of just boiled water.

A: Yes, I'll bring in some fresh towels together with the drinking water.

B: OK.

A: May I turn on the lights for you?

C: Yes, please. I'd like to do some reading while waiting.

A: Yes, sir. Is there anything I can do for you?

C: No more. You're a smart girl/boy indeed. Thank you very much.

A: I'm always at your service. Goodbye, sir and madam, and a very pleasant night.

二、夜床服务程序

1. 夜床服务步骤

夜床服务的程序可归纳成以下 5 个步骤。

（1）准备。准备好清洁工具和工作车、钥匙卡、对讲机等。必要时准备赠送的鲜花和小礼品。

（2）进房间。按照敲门进房的程序进入房间。

① 敲门或按门铃：用食指或中指的指关节在门的表面敲三次，每次三下。服务员面带微笑，站立于门镜前方，以利于客人观察。

② 第一次敲门，说："客房服务员，可以开床服务吗？（Housekeeping, turn down service?）"等候客人应答。如无客人应答，间隔 5 秒钟再敲第二次。

③ 第二次敲门和第一次相同，如无客人应答，拿出钥匙轻轻开启房门，手不离把手，只将房门推开 15cm，并把钥匙放入口袋。

④ 第三次敲门同样报上："客房服务员，可以开床服务吗？（Housekeeping, turn down service?）"后，如无人应答，将门打开。注意不要猛烈推门，然后把取电牌插入取电板内。

（3）整理房间（图 3-79）。根据夜床表显示人数开床。

① 双人房间住一人时，要开客人睡过的床或以床头柜为准，开靠浴室的一张床。

② 两人住的双人间，则各自开靠近床头柜的一侧。

③ 双人床住两人，可两边都开。

④ 以床头柜为中心，被角翻折 45°，边线与床中线对齐，把床整理好。

图3-79　整理房间

⑤ 整理枕头。枕头要饱满、四角坚挺、中缝对齐，摆放在床的中间位置。

⑥ 把礼品、鲜花放在折起的被角中间位置。

⑦ 拖鞋放于开夜床的一侧的中间位置，摆放整齐。

（4）整理卫生间

① 将房间内的垃圾、杂物收入垃圾桶内，并用抹布擦净台面、桌面浮灰，补充客用品并摆放整齐。

② 清洗用过的水杯、烟缸。

③ 将客人意见表、早餐卡、遥控器、电视节目单放在床头柜上。

④ 将靠近卫生间的顶灯和床头灯打开，其余灯关掉，灯光要微弱。

⑤ 关好窗户，拉好纱帘，以不透光为标准。

⑥ 将客人使用过的面盆、马桶清洁干净，各类毛巾摆放整齐。
⑦ 擦干台面及地面的水迹，补充客用品。
⑧ 地脚巾放在淋浴间外侧的地面上。
⑨ 有加床，要增添一份客用品，关闭灯光。将卫生间门关闭45°。

（5）检查
① 按顺时针或逆时针方向绕房间检查一圈，是否按以上要求完成。
② 发现有维修报办公室。
③ 用手轻轻把门关上，在开夜床记录本上记录时间。

2. 夜床服务注意事项
- 具体的夜床服务中，应联系客人的风俗习惯后加以调整和增减。
- 房间如有会客者，待其离开后再开床。
- 住一位客人的房间，每天要开固定的床位。不可同时开两张床，以免引起客人误解。
- 更换杯具时，要认真检查杯内有没有客人的假牙及其他物品。
- 如果客人在床上放了较多衣物或贵重物品，可暂时不予提供开床服务。
- 是否进行夜床服务，应根据酒店的档次和经营成本而定。
- 是否需要重新更换毛巾和杯具等客用品，也应根据房间的等级和经营成本而定。

面试相关英语

How to do Turn-down Service

- Remove all trays, empty glasses or bottles, remove wet towels and empty the trash.
- It is not necessary to re-clean the bathroom but dry off counters and check the toilet.
- Replace used towels with clean ones.
- Remove the bedcover, fold it up and place it in the closet/wardrobe.
- Fold back the sheets diagonally.
- For a double bed, fold back both sides diagonally so that the sheets form a triangle with the top pointing towards the two pillows.
- For a two single beds fold back the sheets in the direction that would naturally allow the client to get into bed.
- Leave the breakfast order form, a small chocolate or mint, the client's pyjamas and the TV remote control on the bed.
- Place client things in order with discretion.
- Close the curtains and turn off all the lights except for a bed side lamp.
- Before leaving the room recheck to make sure everything is in place.

第四节　解决客人投诉

一、客人投诉

当顾客对服务或某些细节不太满意的时候，如果工作人员的第一反应是解释和狡辩，就很容易引起顾客的投诉。因此，一些服务行业都会先说一些客套话以缓和气氛，如果需要拒绝，我们也应当学一些婉转的话语。

1. 客人投诉的原因

我们在分析客人投诉原因的时候可以从邮轮方面和客人方面分析。

（1）邮轮方面。邮轮方面我们又可以从硬件（Hardware）和软件（Software）两部分来分析乘客的投诉。邮轮硬件问题引起的投诉是指在使用设施设备时，出现质量问题或无法使用。软件问题引起的投诉大多集中于服务人员服务规范、服务态度、服务质量等方面。其中，由服务态度和服务不规范引起的投诉所占比例最大。

（2）客人方面。客人方面指客人的需求得不到满足导致客人的不满，或因客人不熟悉邮轮的规定引起的投诉，如收费标准或接待服务的争议。此外，有些投诉是因为客人本身的情绪问题引起的，如客人心情不好想找个发泄的出口。

（3）其他因素。包括意外事件、噪声、卫生、安全等方面的投诉。如房间与外界隔音效果差等。

2. 应对客人投诉原则

解决乘客投诉，我们需要遵从以下几点原则：

（1）真心诚意地帮助客人解决问题

客人投诉，说明邮轮的管理及服务工作尚有漏洞，说明客人的某些需求尚未被重视。邮轮服务员及主管应理解客人的心情，努力识别和满足客人的真正需求，满怀诚意地帮助客人解决问题。只有这样，才能赢得客人的信任和好感，才有助于问题的解决。

（2）绝不与客人争辩

当客人怒气冲冲前来投诉时，首先应适当地选择处理投诉的地点，其次应让客人把话讲完，然后对客人的遭遇表示歉意，还应感谢客人对邮轮的关心。当客人情绪激动时，服务员更要注意礼貌，绝不能与客人争辩，而应该认真聆听。

如果不给客人一个投诉的机会，与客人争执，表面上看来服务员似乎得胜了，但实际上却输了。因为，当证明客人犯了错误时，客人下次再也不会光临了。这就是"把对让给客人"的理念。因此，管理人员应协助服务员设法平息客人的怒气，解决问题。

（3）不损害邮轮的利益

在对客人的投诉进行解答时，首先，必须注意合乎逻辑，不能推卸责任，不能随意贬低他人或其他部门。其次，在处理投诉的过程中，退款及减少收费不是解决问题的最有效的办法。对于大部分客人的投诉，邮轮是通过提供面对面的额外服务以及对客人的关心、体谅、照顾来解决的。无论通过哪种形式去赔偿和弥补，关键的一点是设法重新赢得客人的满意。

二、解决客人投诉的方法

1. 解决客人投诉的步骤

（1）充分倾听顾客（Listen fully to guest's concerns）

（2）立即道歉（Immediately apologize）

（3）显示你的关心（Show you care）

（4）采取行动（Take action）

（5）解释正在发生的事情（Explain what is happening）

（6）通知和跟进（Notify and follow-up）

2. 处理投诉时的常用话术

（1）我们当尽力为您解决问题！（We'll try our best to solve the problem.）

（2）非常抱歉，你应该把贵重物品寄存在接待处。（I am sorry but you should leave your valuables with the reception desk.）

（3）相信服务员并不是有意无礼，他只是可能没有听懂您的意思。（I believe the waiter was not intentionally rude, perhaps he didn't understand you correctly.）

（4）很抱歉，先生（女士）。我想这里面可能有点误会。（I'm sorry sir/madam, there might be some misunderstanding.）

（5）很抱歉，但情况已是如此，请坐一会儿，我尽快为您作安排。（I'm terribly sorry, but this is the situation right now. Please take a seat. I'll have something arranged for you soon.）

（6）先生，感谢您为我们提供这些情况，我立即去了解。（Thank you for providing us with these information, I'll look into the matter immediately.）

（7）先生很抱歉，我将尽快地解决这个问题。（Sorry, sir, I'll solve the problem as soon as possible.）

（8）恐怕您误会了我的意思，我能解释一下吗？（I'm afraid you have misunderstood what I said. Can I explain it?）

（9）对于我的粗心大意我非常抱歉。（I'm awfully sorry for my carelessness.）

（10）先生请别激动，让我来想办法。（Sir, Please calm yourself down, let me find a way.）

（11）很抱歉，我们此刻不能答应您。我们明天给您回音。（We are sorry, we cannot promise you at the moment. We will get back to you tomorrow.）

3. 婉转回绝客人不合理要求的常用话术

（1）对不起，这件事我也无能为力。（I am sorry, it is beyond my power to do this.）

（2）很抱歉，您所要求的事超越了我的权限。（We are very sorry but what you have requested is beyond my authority.）

（3）我们无法同意您的要求，实在是对不起。（Indeed, we regret very much for not being able to comply with your request.）

（4）我希望能够替您办那件事，但我无法办到。（I wish I could render that service, but I can't do it.）

（5）我不得不拒绝您，因为这样是违反我们酒店规定的。（I have to refuse to meet your request, as it violates our hotel's regulation.）

（6）我不得不拒绝您，因为这样做会有损于我们酒店的声誉。（I have to refuse you because doing so will damage the reputation of our hotel.）

（7）很抱歉，但是这件事的确是违反我们酒店规定的。（I am sorry but this matter does violate our hotel regulations.）

（8）我们无法满足您的要求，我国的外汇管理条例不允许这样做。（We are unable to meet your request, my country's foreign exchange management regulations do not allow this.）

（9）您应该尊重我们海关的规定。（You should respect our customs regulations.）

（10）您的所作所为已经违反了安全条例。（What you did has violated the safety regulations.）

专题四　邮轮其他部门知识

学习目标

知识目标

（1）了解前台部的岗位分布及岗位职责；
（2）了解娱乐部的岗位分布及岗位职责；
（3）了解船舶遇到应急情况的处置方式及急救的基本知识。

技能目标

（1）分析前台部各岗位之间如何协作工作；
（2）分析娱乐部服务质量对邮轮口碑的影响；
（3）分析应变部署表和应急卡片的作用及弃船演习的意义。

素质目标

（1）提升职业认同感和专业意识；
（2）通过榜样的力量培养爱岗敬业的精神。

专题导入

豪华的邮轮就是一座豪华的移动酒店。前台部直接面对客人，其服务质量的好坏直接关系到客人对邮轮服务评价的好坏。娱乐部是邮轮吸引游客的一大亮点。休闲娱乐活动的质量也代表着邮轮服务质量的水准。休闲娱乐项目齐全，设施完善，服务质量优越，是邮轮整体形象的标志。众所周知，船舶的安全系数是交通工具中较高的，但是也难免会发生一些紧急情况。遇到紧急情况作为乘务员应该做什么？怎么样把影响和损失降到最低？怎样对乘客进行急救？请熟记本专题涉及的前台部、娱乐部各岗位工作职责以及船舶应急处理知识。

第一节　前台部知识

一、前台岗位介绍和工作职责

1. 前台岗位工作职责

邮轮的前台（图3-80）是整个邮轮酒店服务场所的门面，同时也是邮轮旅客在整个航程中寻求、预约和咨询所有服务的中枢。邮轮的前台部门通常位于一个核心的位置，装修高档考究，空间宽敞，通常多名前台服务人员同时工作，为客人办理消费账户绑定、总机服务、升舱服务、广播找人、失物招领、账单核对、服务咨询和处理投诉等。

图3-80　邮轮前台

邮轮前台每周7天，每天24小时开放。一般情况下有多名员工一起工作，并且有夜班。前台工作人员需要由掌握多国语言、具备优秀的沟通技巧、服务意识和解决问题能力的人员担任。

面试相关英语

> Cruise ship guest services (receptionists) are in the center of the cruise ship and are always surrounded by guests with many different problems that they expect you to resolve. A cruise ship receptionist needs to have a great smile, patience and be very flexible because in this position, it is likely that you will hear many hard to believe and sometimes crazy things from guests.

邮轮前台员工主要有以下职责：
- 通过查看所有可用数据和信息，了解邮轮常规活动和特色项目，以便回答客人关于邮轮设施、活动安排和服务内容的问题。
- 提供现金和客人账户服务，如接受现金支付、绑定信用卡、兑现个人或旅行支票以及兑换外币。按照既定程序维护、保障、平衡和分配邮轮的现金储备。
- 提供所有常规前台服务，包括但不限于：寻找遗失的行李、保管箱服务、失物招领服务、印制和签发船卡、广播船舶通告等。
- 协助客人办理入境和海关手续及表格；协助客人登船和下船。
- 接收、处理和回访顾客的投诉和咨询。

2. 前台岗位语言技能要求

国际邮轮前台员工需要精通英语，且具备优秀的沟通技巧。以下是邮轮前台部门常用的语言表达。

（1）处理投诉

非常抱歉，女士。请接受我的歉意。（I'm very sorry to hear that, madam. Please

accept my apologies.）

（2）处理升舱

对于您房间的噪声我们很抱歉。我帮您升舱到在更高甲板楼层拥有绝佳海景的阳台房，请问这样是否可以呢？（We are sorry about the noise. I will upgrade you to a baloney stateroom on a higher deck with excellent sea view. Would that be acceptable？）

（3）接总机电话

我是前台部门的戴安娜，请问有什么可以帮您呢？（This is Diana from Guest Service speaking，how may I help you？）

（4）处理客人账单疑问

请看一下这份打印出来的账单，上面显示您在免税店消费了400美金。（Please have a look at this printout，it shows there is $400 spend on duty free products.）

（5）给客人介绍船上活动和设施

我们每天印发的《邮轮指南》上面有船上和靠港的所有活动安排和设施设备。上面有演出时间、餐厅营业时间、宾果游戏（Bingo）的时间和位置以及免税店的活动细节。另外，上面还有关于我们要停靠的港口的游览信息以及其他信息。我们都会在前一天晚上把次日的《邮轮指南》送到您的房间的。（The *Cruise Compass* keeps you in-the-know about everything there is to see and do both onboard and off. It has show times, restaurant open times, when and where bingo will be played and what shops have sales. It also provides details about the amazing ports you'll visit and so much more. The *Cruise Compass* is placed in your stateroom each evening for the following day.）

二、邮轮前台最忙时刻

在航海日或靠港日，前台工作时间表一般分为三个班次：早班、晚班和夜班。具体班次表因公司而异，甚至在同一公司的不同邮轮之间也可能有所不同。靠港时间很多的邮轮，前台的工作时间会更少，因为大多数游客会下船游览。

 面试相关英语

- Morning Shift
    - It can start as early as 8 am to 12 pm
    - *Break for Lunch and Rest*
    - Start back from 4 pm until 8 pm
- Afternoon Shift
    - Normally it starts from 12 pm until 4 pm
    - *Break for Rest and Dinner*
    - Continues from 8 pm to 12 am
- Night Shift（Graveyard shift）
    - 12 am until 8 am

无论航程长短，有一件事是不变的，那就是登船日（Embarkation Day/Turnaround Day）和下船日（Debarkation Day）。这是船上大多数船员最忙的时候，尤其是前台工作人员。在这两日前台人员工作 10 小时是正常的。当然，在午餐、晚餐可以休息一下，除此之外，这两天得保持精力充沛。

邮轮前台最繁忙的时候就是客人登船日。在这一天前一批客人结束了难忘的旅途离船，而新的一批客人登船开始美妙的邮轮旅程。这一天前台要做的事情可多了，开设支付账户（Setup the Account）、账户充值（Deposit Cash）、寻找丢失的行李（Lost Luggage Claims）等都是前台员工需要帮客人处理的。另外，前台的员工还需要处理升舱诉求（Room Upgrade Requests）、房卡／船卡问题（Issues with Their Key Cards）等。

邮轮前台第二忙的时候就是客人下船日了。其实上面我们说到前一批客人下船和新一批客人上船往往是在同一天。事实上，处理客人下船的手续，一般都是在客人下船前一天。在这一天，前台员工需要帮助客人关闭支付账户（Closing off Their Accounts）、解决账单争议（Setting up Disputes），有些客人需要预订去机场的交通（Making Travel Reservation to the Airport）也是需要前台协助的。甚至有些客人如果对邮轮服务体验不满意，还会要求前台员工把小费从账单中扣除（Have the Cruise Gratuities Removed），退还给客人。

面试相关英语

> Expect to work a lot of hours during embarkation days. On this day, all the guests come onboard, after checking-in at the terminal. They will flock to the guest services desk with any questions you can imagine. Setup their account, deposit cash, ask where restaurants, bars, and venues are located onboard, among many other things. They will also come to you with room upgrade requests, lost luggage claims, issues with their key cards not working（a common issue onboard）. Expect to work close to 10 hours, sometimes more, if there's an unusual issue. Make sure that on embarkation days you are fully rested and well fed because the days are long, very long and the requests seem to be on repeat mode.
>
> Debarkation day is the second busiest day for a guest services attendant. Guests will be closing off their accounts, setting up disputes, making travel reservation to the airport, ask to have the cruise gratuities removed, if applicable, and of course, they take this time to dispute their bill and charges and not to forget, complain in the hopes of getting a discount on their bill. This day is not as busiest as embarkation day but is certainly comes in second.

第二节　娱乐部知识

一、娱乐部介绍和工作职责

1. 娱乐部岗位工作职责

邮轮相当于一个移动的度假村，邮轮上的各种设施和娱乐活动会让整个行程精彩非凡。在邮轮上游客能尽情体验游戏、音乐、舞蹈、音乐剧、健身、泳池、SPA、购物、体育项目等多彩的活动，尽情地享受其中的乐趣。

大型邮轮上每天都有盛大演出，它是很多游客选择邮轮旅行的理由。专业演员的演出整体质量很高，一般是歌舞、魔术、马戏或者冰上表演、木偶表演等。每天晚餐后都有不止一场的演出，地点是最大的大剧场以及次大的演出中心，在酒廊等地也有精彩演出。各邮轮公司的演出风格差别很大，例如，皇家加勒比游轮会利用最先进的技术和设备营造出科技感十足的演出氛围，嘉年华邮轮的娱乐活动和表演种类繁多且热闹，迪士尼邮轮则有大量迪士尼人物故事主题的专门为小朋友打造的娱乐和表演项目。

面试相关英语

> The position of cruise staff it's a really fun one. You are the life of the party and you need lots of energy to dance the night away. The job of Cruise Staff is to provide and host a vast range of activities geared mainly towards adults and families, keeping guests entertained and engaged by providing and hosting fun activities throughout the cruise.
>
> You will be in charge of all the planned activities around the ship such as bingo, pool parties, theme nights, trivia, welcoming guests during embarkation day, and socializing throughout the cruise. Basically anything related to the entertainment onboard- you can bet there's a crew staff involved.

邮轮娱乐部员工需要具有很好的主持、社交和活动组织能力，另外流利的中英文语言、优秀的服务意识和应变能力、开阔的思路也是娱乐部门员工需要具备的。

作为邮轮娱乐部员工，主要有以下职责：

● 负责在指定的娱乐活动中担任有效的组织者，确保每项活动按计划安全、及时地进行。

● 必须有能力作为大型活动主持人／司仪（Master of Ceremonies），利用他们的个性、才华和语言能力吸引各种规模的观众群体。

● 协助娱乐总监（Cruise Director）和娱乐副总监（Assistant Cruise Director）进行娱乐活动票务运营管理和娱乐设施管理。

● 在登船日（Embarkation Day）和离船日（Disembarkation Day）根据相关流程引导客人登船和离船，态度热情。

● 参加船长鸡尾酒会（Captain's Cocktail Reception）和欢迎酒会（Welcome Aboard Show），提供酒会全程的协助和协调，包括收集邀请函、介绍人员和与客人社交等。

● 参与娱乐部主办的演出及活动，包括表演互动节目或简单的舞蹈。

● 支持其他部门或休闲娱乐相关活动，如岸上观光（Shore Excursion）部门和体育部门等。

2. 娱乐部岗位语言技能要求

邮轮对娱乐部员工的英语表达能力要求是很高的。他们需要在每天的工作场景中用英文主持活动、组织游戏以及沟通日常工作。以下是邮轮娱乐部员工常见的英文表达。

（1）邀请客人参加活动

先生/女士，您是否愿意参加我们这个精彩的游戏活动呢？（Hello Sir/Madam, would you like to join this wonderful game?）

（2）预报表演的时间安排

下一场表演会在晚上八点三十分开始，真的很希望您可以加入我们的表演。我们到时候见！祝您好好享受邮轮美妙时光。（The next show will start at 8: 30PM! I truly want to see you there! See you then and hope you enjoy your cruise.）

（3）带领客人跳舞

请在整个舞蹈中跟着我的舞步。（Please follow my lead during the whole dance.）

（4）表演结束谢幕

非常感谢大家今晚能够和我们一起度过这个难忘的夜晚。我们今晚的表演到此结束了。希望你们明天港口日玩得愉快。很期待明晚继续再见到大家。（Thank you all for joining us at this unforgettable night. This is the end of our show for today. Hope you enjoy your port day tomorrow and I am looking forward to seeing you all tomorrow evening.）

3. 娱乐部面试要求

申请邮轮娱乐部需要具有娱乐主持相关的工作背景和外向、开朗的性格。如果你在休闲旅游的度假村做过相似岗位，并且有为客人组织大型活动的经验，那么你就具备了申请邮轮娱乐部员工所需的经验和技能要求。另外，娱乐部门员工需要掌握麦克风等扩音器的使用，因为经常需要面对大规模的客人群体进行活动组织和互动。

面试相关英语

To work as cruise staff you basically need to have some entertainment background and be an easy, outgoing kind of person. If you worked in a resort, hosted activities for guests and have prior experience working with large groups of people and, most importantly, are not afraid of the microphone, you essentially have the skills necessary to apply for a cruise staff a job.

一般来说，在面试的时候如果要让面试官觉得自己能力和性格上和邮轮娱乐部员工的要求特别匹配，可以用以下词汇进行表述。

- 我是一个充满热情的人。（I am an enthusiastic person.）
- 我非常具有创造力。（I'm very creative.）
- 我具有良好的沟通能力。（I have excellent communication skills.）
- 我能够在没有监督的情况下组织复杂多样的活动。（I am able to organize and run complex and varied activities with little supervision.）
- 我很擅长公众演讲。（I am good at public speaking.）
- 我能够在多元文化环境下工作。（I am able to work in a multi-cultural environment.）
- 我非常灵活，能够很好地适应日程安排、工作任务和截止时间的变化和调整。（I am flexible and able to adjust to changes in schedules, assignments and deadlines.）
- 我能在快节奏、多任务的环境下工作。（I am able to work in a fast paced, multi-tasked environment.）

二、娱乐体育部介绍

娱乐体育部是邮轮上隶属于娱乐部的分支部门。娱乐体育部的员工在皇家加勒比游轮叫作体育部员工（Sports Staff），而在诺唯真邮轮被称作娱乐休闲员工（Recreation Staff）。虽然称呼不同，但是娱乐体育部门的员工职责在不同的邮轮上面都是很相近的。

现代的豪华邮轮一般都有娱乐体育项目丰富的运动甲板，而娱乐体育部员工的主要职责就是组织客人使用各种运动甲板的娱乐设施，如攀岩墙（Rock Climbing Wall）、冲浪模拟（Surf Simulator）、飞索（Zip Line）、迷你高尔夫（Mini Golf）、水滑道（Water Slides）、水上过山车（Aqua Coaster）、排球、篮球、乒乓球等，并且要能够保障和维护客人的安全。

以下是对邮轮上娱乐体育部员工的工作职责总结。

- 推广和组织体育甲板的娱乐活动和体育活动。
- 在邮轮体育娱乐设施和场地如攀岩墙、直排轮滑、高尔夫模拟器、冲浪模拟器、排球、篮球、乒乓球等运动场合为客人发放设备。
- 带领客人进行休闲运动课程和活动。
- 组织邮轮上的体育比赛活动；解释和演示体育活动和比赛规则、技术和方法。
- 在客人进行邮轮上的休闲体育活动时帮助客人调节肢体动作，发现并纠正错误，防止客人受伤。
- 根据体育活动和健身运动的需要评估客人的身体状况。
- 解释并执行安全规章制度；响应并报告任何类型的紧急情况。
- 组装和拆卸活动所需的设备和道具，并且将道具放回存储区域。
- 定期清点所有设备和用品，确定设备是否需要更换或维修。
- 保持邮轮体育运动甲板整洁有序；发布每日信息、营业时间、活动等公告，为客人提供便利。

面试相关英语

> The Sports Staff are responsible for ensuring that all guests get the opportunity to take part in some of the most thrilling recreational activities on board, as part of an energetic and dynamic team who facilitate active sports sessions, oversee the operation of outdoor recreational activities as well as engage guests in fun and dynamic themed parties. You're expected to be in good shape as you'll be taking care of slides and water slides, zip lines, rock walls, simulators, and sometimes video games.This position only exists on major cruise lines that offer extra activities for their guests, as Royal Caribbean being responsible for 80% of all hiring, followed by Norwegian Cruise Line and Carnival Cruise Line. As per average, each ship has the need of 10 to 30 persons working as a Sports Staff.

第三节　应急处理知识

一、船舶应急知识

船上有许多突发情况（图3-81），比如碰撞、着火、爆炸、搁浅、劫持、倾斜、污染等。这些事件发生概率极低，大多数突发情况的发现者不是乘务员，而几乎所有应急事件处置的主导者都是乘务员。通常船东会在上船之前给乘务员进行应急程序的培训，并且会给出具体规定。

图3-81　邮轮上的突发情况

1. 船舶应急报警信号（Emergency Signals of Ships）

船舶通常使用的警报信号有以下6种，当船舶遇到紧急情况时，当班人员或现场发现人员可用报警器或汽笛发出各类警报信号，必要时还可辅以有线广播。

（1）消防：警铃或汽笛短声，连放1分钟。（为了指明火警部位，在消防警报信号之后，鸣一声表示前部，两声表示中部，三声表示后部，四声表示机舱，五声表示上层甲板建筑。即"一前二中三后四机舱五甲板"。)

(2) 救生(弃船及召集旅客):警铃或汽笛七短一长声,连放 1 分钟。

(3) 堵漏:警铃或汽笛两长一短声,连放 1 分钟。

(4) 落水:警铃或汽笛三长声,连放 1 分钟。

(5) 溢油:警铃或汽笛一短两长一短,连放 1 分钟。

(6) 解除警报:警铃或汽笛一长声,持续 6 秒或口头宣布。

2. 应急出口知识(Knowledge of Emergency Exit)

现代邮轮要求在登船的第一天必须全员参与逃生演习。为防止有游客因私人原因滞留舱内错过演习,邮轮公司通常会联通整条船的所有电视、显示屏、大屏幕等进行共同直播。在逃生演习中,游客可以通过墙上粘贴的紧急集合站示意图找到对应的紧急出口及紧急集合站的位置。伴随着安全标志的还有一些如何使用救生用品的示意图(图3-82)。

图3-82　救生衣穿着示意图

二、船舶应急处理

1. 有人落水(Man Overboard)

船舶应变部署表(Contingency Plan/Muster List)上有应对此类事件的详尽说明,如果是乘务员遇到此类事件,应该做下列几件事情。

首先,大喊"有人左舷落水(Man overboard, port side)"或者"有人右舷落水(Man aboard, starboard side)"并盯着落水者,用手指向落水者。主要是吸引船上其他人的注意。

如果有人在附近出现，可以让附近的人分工：有人负责盯着落水者，因为船舶在运动状态下会使海水中产生海流，落水者漂浮不定，必须用目光跟踪落水者的踪迹；有人尽快向落水者抛下一只救生圈；有人立即用应急电话报告驾驶台"有人左/右舷落水"。

只要驾驶台知晓有人落水，后期的行为均由驾驶台主导，发现落水者的乘务员只需要在现场继续盯着落水者，处于待命状态。其他响应，比如船舶向有人落水一侧满舵、鸣放三长声、挂 O 旗、准备释放救助艇、驾驶台向周边船舶或者岸站报告并申请协调海面搜寻等，都属于驾驶台的专业应急响应和专业指挥行为。

2. 火灾（Fire）

如果船上发生火灾，乘务员第一时间发现，必须首先预判火灾是否能直接灭掉，如果是很小的火灾，可以取下就近的灭火器灭火，边灭火边呼救，灭火后应立即报告火情。如果火灾无法控制，应该立刻高喊"着火啦，着火啦，×××着火啦（Fire, fire, ××× is on fire）"并封舱，阻断火灾蔓延通道。利用最近的报警点按下火警按钮，火警警报响起后驾驶台和全船都会听到警报的声音。或者立即使用应急电话报告驾驶台，在驾驶台知晓火情和着火部位后，乘务员就可以恢复正常工作了。

3. 安保突发事件（Security Accident）

安保突发事件如打架斗殴等也时常发生。遇到这样的情况乘务员应立即联系安保部门，由安保人员出面解决。

4. 弃船（Abandon Ship）

船舶在一个航次开始前必须进行弃船演习，所有乘务员包括乘客都要参加。乘务员的职责是首先穿好救生衣，在指定地点指挥与疏导乘客并给乘客示范穿救生衣等。

乘务员需要保持良好的心态，临危不乱，指挥好乘客有序上艇或者上筏。通常上艇次序是伤员、妇女与儿童、其他乘客、船员、船长。乘务员是在乘客之后第一批上艇的船员。应变部署表和应急卡片中都详细列出了应急程序，乘务员在上船的第一天都需要弄清楚。

三、急救知识

邮轮上的乘务人员需要具备急救的相关知识和基础的急救能力。船上所有人员必须防止自己受到损伤或伤害。但如果不幸发生，附近的乘务员应该给予受伤者帮助，以减轻他们的痛苦。

1. 急救目的

急救的主要目的可以概括为三个要点，有时被称为"三个 P"。

第一，保护生命（Preserve Life），包括急救在内的所有医疗护理的首要目标是挽救生命和尽量减少死亡威胁。

第二，防止进一步伤害（Prevent Further Harm），或者称为防止病情恶化或进一步受伤的危险。这包括外部因素，例如使患者远离任何伤害源，还包括应用急救技术以防止病情恶化，如施压止血。

第三，促进复苏（Promote Recovery）。急救还包括尝试从疾病或损伤中复苏，在某些情况下需要完成治疗，例如在小伤口上敷膏药。

面试相关英语

> First aid is the assistance given to any person suffering a sudden illness or injury, with care provided to preserve life, prevent the condition from worsening, or promote recovery. It includes initial intervention in a serious condition, such as performing CPR while awaiting an ambulance. It also contains the complete treatment of minor conditions, such as applying a plaster to a cut.
>
> The key aims of first aid can be summarised in three key points, sometimes known as "the three Ps".
>
> Firstly, preserve life. The overriding aim of all medical care, including first aid, is to save lives and minimize the threat of death.
>
> Secondly, prevent further harm. It is sometimes called prevent the condition from worsening or danger of further injury. This covers external factors, such as moving a patient away from any cause of harm. And it also includes applying first aid techniques to prevent worsening of the condition, such as applying pressure to stop a bleed becoming dangerous.
>
> Thirdly, promote recovery. First aid also involves trying to start the recovery process from the illness or injury, and in some cases might involve completing a treatment, such as in the case of applying a plaster to a small wound.

2. 受伤事件

邮轮上经常会突发一些受伤事件，常见的受伤事件如下。

（1）滑倒或跌倒（Slipping or Falling）：在甲板上行走时滑倒或绊倒，或者在房间内或公共区域中跌倒。

（2）消化系统疾病（Digestive Disorders）：由于船上食物或水源的问题而引起的消化系统疾病，例如腹泻或呕吐。

（3）晕船（Seasickness）：身体由于邮轮的运动或海况引起的不适感和晕眩。

（4）溺水（Drowning）：在游泳池或其他水域中发生溺水事故。

（5）感染（Infection）：由于接触到病毒、细菌或真菌而导致感染，例如流感或肠胃病毒。

（6）运动伤害（Sports Injuries）：参加船上活动时可能会发生运动伤害，如拉伸肌肉、扭伤关节等。

（7）烧伤或烫伤（Burns or Scalds）：由于接触到热的表面、液体或其他物体而引起的烧伤或烫伤。

（8）意外伤害（Accidental Injuries）：在邮轮上参加一些冒险活动，如攀岩、跳伞等可能会导致意外伤害。

（9）中暑或脱水（Heatstroke or Dehydration）：因为在甲板上暴露于阳光下或者

饮水不足而导致中暑或脱水。

（10）突发疾病（Sudden Illnesses）：在邮轮上发生的突发疾病，如心脏病、中风等。

3. 急救步骤

急救是对伤病人提供紧急监护和救治，并给伤病人以最大的生存可能。急救遵循下述四个步骤：

（1）调查事故现场，调查时要确保对本人、病人或其他人无任何危险。

（2）初步检查病人，判断神志、气道、呼吸循环是否有问题，必要时立即进行现场急救和监护。

（3）呼救，应请人去呼叫船上医院，乘务员可以继续施救，一直要坚持到救护人员或其他施救者到达现场接替为止。此时乘务员还应反映伤病人的伤病情和简单的救治过程。

（4）如果没有发现危及伤病人的体征，可做第二次检查，以免遗漏其他损伤、骨折和病变。这样有利于现场施行必要的急救和稳定病情，降低并发症和伤残率。

4. 急救箱

急救箱的配备应以简单和适用为原则，保证现场急救基本需要，并可根据不同情况予以增减，定期检查补充，确保随时可供急救使用。

急救箱使用应注意：

（1）有专人保管但不要上锁；

（2）定期更换超过消毒期的敷料和过期药品，每次急救后要及时补充；

（3）放置要有合适的位置，做到现场人员知道。

附录1　邮轮常用词汇

一、邮轮各部门名称

1. Sales & Marketing Department 市场营销部
2. Sales Department 销售部
3. Public Relation Department 公关部
4. Reservation Department 预订部
5. Room Division 客务部
6. Front Office Department 前厅部
7. Housekeeping Department 管家部
8. Food & Beverage Department 餐饮部
9. Recreation and Entertainment Department 康乐部
10. Engineering Department 工程部
11. Security Department 保安部
12. Rear-Service Department 行政部
13. Shopping Arcade 商场部
14. Financial Department 财务部
15. Human Resource & Training Department 人力资源及培训部
16. Purchasing Department 采购部
17. Electronic Data Processing Department 电脑部
18. Door Man Department 礼宾部

二、邮轮旅游常用词汇

1. aft 船的尾部
2. air draft 从船的吃水线到船最高端的距离
3. atrium 大堂
4. at-sea day 邮轮整天在海上航行、不停靠任何港口的日子
5. beam（邮轮）船体最宽部分的宽度
6. berth 等同于酒店业的床位；有时也指供船只停靠的泊位
7. bow 船首
8. bridge 船舶驾驶室，舰桥
9. cabin 指邮轮上的客舱
10. captain's party 船长鸡尾酒会
11. chief purser（hotel manager）邮轮上酒店部门的总经理
12. charter 包船

13. crew 全体船员
14. cruise 邮轮旅游；巡游；乘船游览
15. cruise card/boarding pass 邮轮专用卡 / 登船卡
16. debarkation / disembarkation（乘客）下船
17. deck 甲板；（船的一）层
18. deck plan 详细标明邮轮客房和各种公共设施位置的俯视图
19. draft 吃水，指从船的吃水线到船最底部的距离
20. duty-free shop 免税店
21. embarkation（乘客）登船
22. shore excursion（邮轮的）岸上游
23. ferry 渡轮
24. first seating 在主餐厅首轮 / 早班用晚餐
25. first time cruisers 首次乘坐邮轮出游的乘客
26. flag of convenience 方便旗（船）
27. fleet 船队
28. fly-cruise 将飞机票与船票打包销售的邮轮旅游产品
29. free-style cruising 自由风格邮轮旅游，由挪威邮轮公司首倡
30. funnel 轮船的烟囱
31. galley 船上的厨房
32. gangway 梯板，连接邮轮与码头的人行通道
33. gratuity/tip 小费
34. gross Registered Tonnage（GRT）注册容积总吨，总登记吨位
35. gross tonnage（GT）总吨位，与 GRT 同为描述船体内部体积的单位
36. home port 母港
37. International Maritime Organization（IMO）国际海事组织
38. itinerary（邮轮）行程安排
39. one-way itinerary 单程线路
40. round-trip itinerary 往返线路
41. keel（船的）龙骨
42. knot 节（航海的速率单位，1 节等于 1 海里 / 小时）
43. lido deck 邮轮上室外游泳池及其周边配套的餐饮设施
44. life boat 救生艇
45. life jacket 救生衣
46. lower bed（房间中的）下铺
47. mayday 紧急求救信号
48. megaship 巨型邮轮
49. midship 船的中部
50. minor 年龄在 18 岁以下需要成人监护的未成年人
51. muster drill 救生演习
52. muster station 救生演习的指定集合地点

53. nautical mile 海里（长度单位，1 海里等于 1.852 千米）
54. ocean view 海景；海景舱；海景房；
55. open seating 自由选择座位而非由经营者指定座位的乘客就餐安排
56. passenger capacity 载客量
57. pax（passengers）邮轮上对乘客的简称
58. per diem 以每人天计算的邮轮产品价格
59. pilot 引航员
60. piracy 海上抢劫，海盗行为
61. port 港口
62. port of call 停靠港
63. portside（面朝船首方向时）船的左边
64. purser（front office manager）前厅经理
65. river cruises 江河游船旅游
66. room steward 客房服务员
67. seasickness 晕船
68. second seating 在主餐厅第二轮/晚班用晚餐
69. shoulder season 平季
70. high season 旺季
71. low season 淡季
72. source market 客源市场
73. space ratio 乘客空间比
74. starboard（面朝船首方向时）船的右边
75. stateroom（邮轮上的）客舱
76. inside staterooms 无窗（封闭）客舱
77. outside staterooms 海景客舱
78. balcony staterooms 阳台海景客舱
79. suites 套房
80. stem 船尾
81. steward（轮船、飞机等的）服务员
82. stewardess（轮船、飞机等的）女服务员
83. tablemates 同席进餐者；餐桌同座
84. tender 小船
85. tendering 接驳
86. theme cruises 主题邮轮旅游
87. upgrade 升舱
88. upper bed 上铺
89. zodiac boat（小型）橡皮艇，多用于探险邮轮旅游

附录2　十款流行的鸡尾酒配方及制法

一、Kir Royale

Ingredients: Creme de Cassis, Chilled champagne or sparkling wine
Instructions:
- Pour 1 Oz of Creme de cassis in the glass
- Tilt the glass and fill it with your champagne or sparkling wine
- Give it a stir with you bar spoon or any long thin object
- If you have a cherry just throw it in your drink.

二、Caipirinha

Ingredients: 2 Spoons brown sugar,1 lime cut into six（wedges）,2 Oz Cachasa,Juice of half a lime or lemon,1 Oz Lime Cordial（Rose's Lime Juice recommended）, 8 Ice cubes or crushed ice

Instructions:
- Muddle the limes and sugar
- Add 2 Oz of Cachasa
- Add the fresh lime juice or just squeeze a whole lime inside
- Add the lime cordial or simple syrup
- Add 8 ice cubes
- Shake it hard! 20 times at least
- Pour the whole cocktail into your glass or strain over crushed ice and add a fresh lime wedge on top
- Drink or serve it, your drink is ready!

三、Mint Julep

Ingredients: 3 Oz bourbon,1 Spoon white sugar, Hand full of Mint leaves, 4 Drops of bitters,Splash of club soda, Lime Cordial,8 Ice cubes or crushed ice
Instructions:
- Muddle the mint and sugar, muddle until you actually smell the mint.
- Add 3 Oz of Bourbon
- Add the Bitters

- Stir 10 times
- Add 8 ice cubes
- Shake it hard! 20 times at least
- Strain into the glass full of fresh new ice
- Top the drink with club soda
- Add 5 fresh new mint leaves on top and serve it, your Perfect Mint Julep is ready to drink!

四、Long Island Iced Tea

Ingredients: 1 Oz Vodka, 1 Oz Gin, 1 Oz White Rum, 1 Oz Silver Tequila, 1 Oz Triple sec, 1.5 Oz Sweet and Sour mix, Splash of Coke, 8 Ice cubes of ice

Instructions:
- Pour the vodka and gin
- Add the rum, tequila and triple sec
- Add the sweet and sour mix
- Add 8 ice cubes
- Shake it! 12 times at least
- Fill your highball glass with ice, fill it to the top. Strain the cocktail into your glass
- Strain the cocktail into the glass over the ice
- Save a little room for the coke, top the drink with it
- Drink or serve it, garnish with a lemon wedge

五、Margarita

Ingredients: 2 Oz Tequila, 1 Oz Orange liqueur, Juice of 1 lime or lemon, 0.5 Oz of simple syrup or Lime Cordial, 8 Ice cubes or crushed ice

Instructions:
- Pour all ingredients into the shaker.
- Add 8 ice cubes
- Add the fresh lime juice or just squeeze a whole lime inside

- Shake it hard! 12 times at least
- Strain the cocktail into your chilled glass or strain over ice (margarita on the rocks)
- Place a lime peel on the rim of the glass or put salt on the rim of the glass. If you want to "salt your rim" check out our cocktail guru tip at the bottom of this page.
- Drink or serve it, your Perfect Margarita is ready to drink!

附录2 十款流行的鸡尾酒配方及制法 171

六、Mimosa

Ingredients: Half a glass of orange juice, Chilled champagne or sparkling wine

Instructions:
- Fill half of your glass with orange juice, make sure it's cold
- Tilt the glass and fill it with your champagne or sparkling wine
- Give it a stir with you bar spoon or any long thin object

七、Apple Martini

Ingredients: 1.5 Oz Apple flavored vodka, 1 Oz Sour apple liqueur or apple flavored schnapps, Dash Midori, 1 Oz Pineapple juice, 1 Oz Apple juice, 8-10 Ice cubes

Instructions:
- Pour the alcohol into your shaker
- Add apple and pineapple juice
- Add ice
- Stir 12 times
- Strain into a chilled cocktail glass or over fresh ice a tall glass
- Drink or serve it, your cocktail is ready to drink
- Garnish with three apple pieces on a toothpick

八、Bellini

Ingredients: One third of a glass of peach puree or juice, Two thirds of Chilled champagne or sparkling wine

Instructions:
- Muddle a whole peach（or skip this step and just pour peach juice in the the glass）
- Tilt the glass and fill it with your champagne or sparkling wine
- Give it a stir with you bar spoon or any long thin object

九、Cosmopolitan

Ingredients: 2 Oz citron vodka, 1 Oz orange liqueur, 1 Oz Cranberry Juice, Dash of Lime Cordial, 8 Ice cubes or crushed ice, Lime peel for garnish

Instructions:
- Chill the martini glass（click here if you want to know how）
- Pour the liqueur and vodka to your shaker
- Pour the cranberry and cordial to your shaker

- Add the fresh lime juice or just squeeze a half of lime inside
- Fill shaker with ice
- Add 8 ice cubes
- Stir it! 12 times at least
- Strain your cocktail into the chilled glass

十、Mojito

Ingredients: 1 Spoon white sugar, 2 Oz White Rum, Hand full of Mint leaves, Half of one lime cut into 3 wedges, Splash of club soda, 1.5 Oz Sweet and Sour Mix, 8 Ice cubes or crushed ice

Instructions:
- Muddle the mint, limes and sugar, muddle until you actually smell the mint.
- Add 2 Oz of Rum
- Add the sweet and sour mix
- Add 8 ice cubes
- Shake it hard! 20 times at least
- Double Strain into the glass full of crushed ice
- Top the drink with club soda
- Add 5 fresh new mint leaves and a lime wedge on top and serve it, your perfect drink is ready!

附录3　网络面试注意事项

DO's and DONT's during a Skype Interview

Skype interviews are incredibly convenient ways of getting yourself a job somewhere far away-particularly in the overseas. But, they can also be pretty terrifying if you don't know what you're doing. Here are some do's and don'ts guide to succeeding in your next Skype interview.

Do

1. Dress up nicely from top to bottom

You might be tempted to slide out of bed, put on a nice shirt and think you're ready to go. This is a bad idea. There is a chance, no matter how slim, that you'll be asked to find a piece of document that you left on the other side of the room in front of the camera. If your employer sees you in a shirt and tie with colourful PJ bottoms at 3pm they're going to question your ability to get up on time and your sense of style.

2. Remember that just because they're not on screen doesn't mean they can't see you

Your interviewer might get up to get some papers or speak to a colleague off camera. Don't take this as a chance to pick your nose-you might still be being watched!

Try to make sure one no one else is in the room if you're doing the interview in your house。

Better tell your parents, brothers or sisters, or flatmates that you are going to have a webcam interview, so that they will not be making unnecessary noises in the background that can distract you.

3. Have a script

If you get nervous during interviews, this can be a great way to remember all of the good points you want to raise and any questions you might have for your potential employer. Don't read off it though or you'll be caught out-use only a couple of words to jog your memory, and try to keep your eyes on the screen otherwise.

4. Prepare in exactly the same way you would for a normal interview

It can be tempting if you're at home to do less preparation or leave it until the last minute. Don't. Your interviewer will see right through it just like they would in person.

Don't

1. Have anything incriminating on screen

Bottles of alcohol, discarded Pot Noodles, scary band posters or a wardrobe missing a door are not ideal objects to have in the background of your interview room. Keep it plain, think about the mise-en-scène!

2. Forget to turn off alarms

Put your phone on silent and leave it somewhere else. Enough said!

3. Have rubbish internet

Your dormitory might not be the best place to have Skype interview. Make sure you've done some test calls and be sure that your internet connection can support a long video call. If not, go to a relative's or friend's house. Moreover, don't be Googling while you're speaking unless you're asked. Typing is incredibly loud when the microphone is next to the keyboard and won't go unnoticed!

4. Watch yourself

Try to look into the camera or at your employer on screen as much as possible so you're not distracted by your own appearance. Skype interviews present an abundance of 'eyes' to make contact with: your own, your interviewer's and the camera. Avoid your own or you'll be fixing your hair for the entirety of the interview!

5. Panic

Speak confidently, sit up straight and relax. The worst they can do is say no.

附录4　国际邮轮面试真题实训

M1-2　国际邮轮面试真题实训

参考文献

[1] 张晓峰,薛迎春.海乘面试宝典.上海:上海浦江教育出版社,2018.

[2] 李宏娟,孙峥,姚茜.邮轮面试英语.大连:大连海事大学出版社,2018.

[3] 王敬良,张娣.邮轮概论.济南:山东科学技术出版社,2018.

[4] 赵序.国际邮轮服务与管理.北京:旅游教育出版社,2017.